ザンジバル球児に学ぶ世界を変える方法

いくぞ！ タンザニア甲子園

上原 拓

かもがわ出版

はじめに

「僕たちは大会に出たい！」

キャプテンのカリムは、目を輝かせて、私にそう言ってきました。それはまだ、彼らが野球を始めて2か月も経っていないときのことです。そう言ったカリムも、チームのみんなも、まだ、野球のルールさえ知りません。しかし、いま思えば、そのひと言が、それまでかたちにすらなっていなかったチームを大きく前進させたのです。

はじめまして。上原拓と申します。沖縄の高校で体育教師をしています。

この本は、私が、2014年にJICA《ジャイカ》（国際協力機構）の青年海外協力隊員として、ザンジバルに赴いたときの体験をつづったものです。

ザンジバルとは、アフリカ大陸の東側、タンザニア連合共和国に所属するザンジバル諸島のことです。派遣された私の仕事は、ザンジバル国立大学で、体育教師になりたい学生に体育の授業方法を教える、というものでした。私はこのとき、仕事のかたわら、こんな野望も抱いていました。

「ザンジバルの子どもたちに、野球を教えたい」

ザンジバルの子どもたちのなかから、将来のメジャーリーガーを発掘したかったから……などということではありません。当時、ザンジバルの人たちが親しんでいる球技といえばサッカーくらい。大人も子どもも、野球の「や」の字も知りませんでした。だからこそ、その地に、野球の魅力を伝えたかったのです。そのためには、ゼロから野球チームをつくる必要がありました。

本書の主役は、私ではありません。「ベースボール」という単語さえ知らなかったザンジバルの少年少女たちです。

正直にいって、ザンジバルは、うまくいかない理由を、すべて環境のせいにできてしまうような多くの課題を抱えた島です。グラウンドや道具はもちろん、電気や水なども常に十分とはいえません。そんな状況下で、それを乗り越え、ザンジバル初の野球チームを結成し、ザンジバル野球の基礎をつくったパイオニアたち。それが彼らなのです。ザンジバルではいまも野球が続いています。私と一緒に野球を始めた彼らがコーチになり、島の少年少女たちに野球の指導を続けてくれているのです。

私は、彼らと笑い泣きしながら過ごした約2年の生活で、「自分を取り巻く世界を変える方法」に気づくことができました。野球を教えにいった私のほうが、彼らとの日々に「生き方」を教えてもらって帰ってきたのです。

ザンジバルの少年少女たちが未知のスポーツに挑戦したこの記録が、一歩を踏み出そうとしているあなたの背中を押すことができれば、著者としてこのうえない喜びです。

上原 拓

MAP OF AFRICA, TANZANIA

◎ユネスコが登録するタンザニアの世界遺産は7件
文化遺産3件、自然遺産3件、複合遺産1件

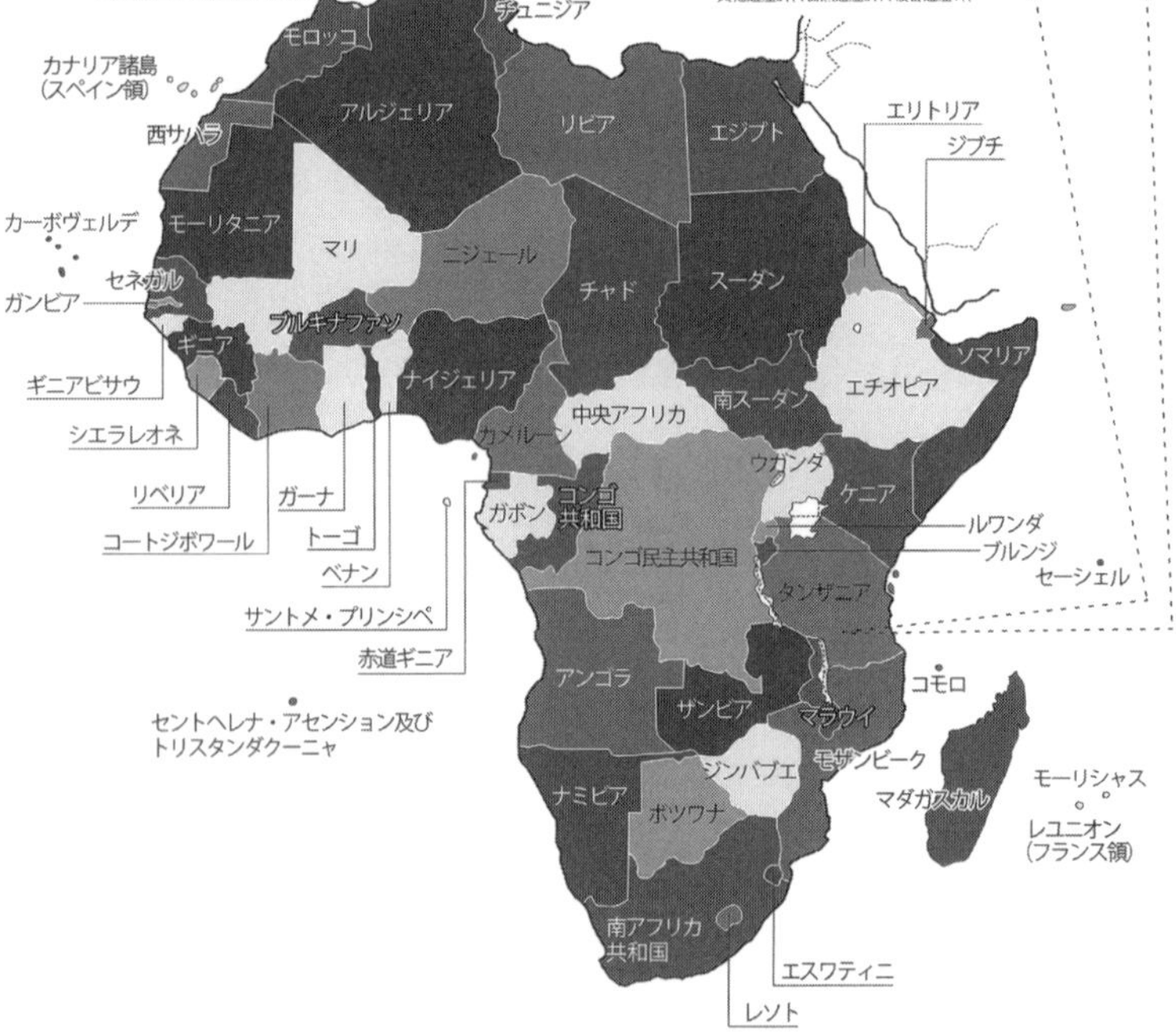

ザンジバル球児に学ぶ世界を変える方法

——いくぞ！　タンザニア甲子園

目次

ザンジバル球児に学ぶ世界を変える方法
――いくぞ！　タンザニア甲子園

ザンジバルではじめて野球の試合が行われた日

第1章
アフリカ野球との出会い

チャパティを焼くモンバサ市場の女性

すべては「素敵な勘違い」から始まった

「へぇ〜、協力隊ですか？　はい、聞いたことはありますけど……」

２０１１年１月、先輩教師が話してくれた、中米ニカラグアでの青年海外協力隊の体験談を聞いた私は、とても単純に、「発展途上国の子どもたちとの活動？　なんか楽しそうだな」と思いました。これが、のちにアフリカで野球を教えることになる、私の最初の動機だったのです。

翌日、ＪＩＣＡ国際協力機構のホームページを見てみると、青年海外協力隊というのは、「途上国の発展に貢献するために日本政府が派遣するボランティア」のことで、現職教員が仕事を辞めずに参加できる特別な制度もあるとのこと。しかし、これまで国際協力に興味さえ持ったことのない、私のように無知な者でも派遣してもらえるのかはわかりません。

それに加え、私は、教員採用試験を受けるときにはじめて筆記用具を揃えたような人間で、それまでの人生、勉強に打ち込んだことはありませんでした。もちろん、英語なんてまったく話せません。ましてや、海外に出ようと思ったことなんて一度もない。そしてなにより、唯一、続けてきた野球の練習でさえも、サボることばかり考えていた時期もあるくらい、真面目という言葉からはほど遠い人間なのです。

とはいえ、これまでの人生において、それこそなんの根拠もなく、「自分にもできるかもしれない」と思って動き出してみたら、実際、どうにかできたという経験が何度かありました。成るも成らぬも、すべては「素敵な勘違い」から始まると思うのです。

後日、まずは少しだけでも話を聞いてみようとＪＩＣＡ沖縄国際センターへ向かいました。その玄関ホールに貼ってあった協力隊員募集のポスターに、ふと、目がとまりました。

《世界も、自分も、変えるシゴト。》

「自分のチカラで世界を変える？　この俺が……？　世界を変えられるのか？」

私にとって、まったくの未知の世界だったからか、そのキャッチフレーズがやけに胸に響いたのを覚えています。職員さんによると、「学校に籍を置いたまま参加できる制度は、年に1度行われる春募集でしか申し込めないが、誰でも応募できる」とのこと。それを聞いて、私は気持ちを固めました。

半年後の募集に合わせて準備を始め、やがて、教頭から案内されるとすぐに応募。県教育庁の面接を通過し、東京で実施される二次試験へと進みました。

しかし、英検3級程度のレベルを求められる語学力試験で、その程度の力もなかった私は、語学力不足を理由に不合格となってしまいました。試験に落ちた悔しさはあったものの、「たしかに、俺にはまだ、合格するだけの力量も情熱もないからなぁ……」と、しかたがないと思ったのでした。

行くべき道を決めてくれた一冊の本

ちょうどその頃、『アフリカと白球』（文芸社）という一冊の本に出会いました。私が青年海外協力隊の試験を受けることを話していた知人が、「アフリカで野球を広めている人の本があるよ」と紹介してくれたのです。不思議なもので、人生では、自分のやりたいことを口に出していると、それにつながる情報が舞い込んできます。

その本には、西アフリカにあるガーナのＪＩＣＡ事務所に勤務する友成晋也《ともなりしんや》さんが、ガーナの青年たちと野球を通して心をひとつにするエピソードがつづられていました。読むにつれて、「アフリカ大陸に野球が普及したらどうなるんだろう」「アフリカの人たちが野球選手に憧れて頑張ったらどうなるんだろう」「いつの日かアフリカでも野球が職業のひとつになる日が来るんだろうか……」と、野球が持つ可能性の大きさについて考えるようになりました。

運命の出会いともいえるこの本を読み終えたとき、それまで漠然としていた私の考えは、はっきりとしたものに変わりました。これまで野球しかやってこなかった自分の経験を、国際協力の現場で最大限に生かすことができそうなひとつの道が見えた気がしたのです。
「よし、アフリカの子どもたちと野球だ。これしかない！」

必死で勉強。しかし……

気持ちは決まりましたが、それを実現するためには、どうしても最低限の語学力が必要でした。学生時代に勉強していなかった自分を、このときほど本気で後悔したことはありません。同僚の英語教師に、「英語を基礎から教えてほしい」と頼んだとき、「じゃ、be動詞からだね」と言われて、「B動詞からか……。じゃあ、それをマスターすれば、次はC動詞を習うんだな」と思ったくらい、英語のことをなにも知りませんでした。

そんな私でしたので、英語の勉強はそれこそ必死です。学校で部活指導を終えた後、時間をつくって勉強を続けました。人生初の英検3級の二次試験で面接を受けたときには、控え室で小学3年生の女の子と一緒になり、「大丈夫だから緊張しないでね」と励ましてもらいました。そんな体験をしつつ、約半年をかけて生徒たちと一緒に英検を受け、ついに準2級を取得することができたのです。

そして自信満々でのぞんだ2012年、2度目の春募集。結果からいうと不合格。英検準2級が取れていたので、合格できるものと勝手に思い込んでいました。県教育庁から届いた不合格通知への落ち込み度は昨年の比ではありません。あんなに勉強したのに、東京で実施される二次試験にさえ進むことができずに終わってしまうとは……。

冷静に考えれば、都道府県ごとに参加人数の制限枠がある制度です。県内に、私以外にも希望する教員がいれば、その人たちとの兼ね合いも当然あって、総合的に判断された不合格なのだと理解はできます。

しかし、アフリカ行きに向けてテンションが上がっていた当時の私は、不合格の通知を受けて、自分の感情の整理に時間がかかってしまいました。なじみの革工房で大好きな革の香りを嗅ぎながら、夢を語り、愚痴をぶつけ、その日は長い夜を過ごしたのです。

3度目の挑戦

そして迎えた2013年6月、3度目の春募集。私は、もし今回もダメだったら、休職してひとりでアフリカへ行くことを決意していました。もう、アフリカへ行きたい気持ちを抑えることができず、意地になっていたのです。

もともとは、「青年海外協力隊として、発展途上国の子どもたちと活動したい」という動機からのスタートでした。しかし、そのときにはもう、協力隊員になることなんかどうでもよくて、「アフリカの子どもたちと野球がしたい」と、その一心。それが実現するなら、NPOの活動でも、単身で広場を歩きまわる活動でも、方法はなんでもよかったのです。ただ、仕事を辞めずに行けることや、JICAの全面サポートによって活動に専念できることに大きな魅力を感じて、年に1度の春募集を悶々《もんもん》としながら待っていました。

そんな思いで挑んだ3度目の受験。切なる願いが天に通じたのか、県教育庁とJICAの両方から合格をもらうことができ、派遣前の訓練に参加できることになったのです。合格発表から数日後、JICAから派遣国が記載された通知が届き、そこにはこう書かれていました。

「派遣国：タンザニア連合共和国　活動先：ザンジバル国立大学」

私はすぐに世界地図を広げて、タンザニアがアフリカ大陸の端っこ、東アフリカにあることを再確認。そしてすぐに、SNSで一通のメッセージを作成しました。

『アフリカと白球』を読んで、アフリカの野球発展に貢献したいと思いました。今度、青年海外協力隊員としてタンザニアのザンジバルへ派遣されます。微力ですが、僕もザンジバルの子どもたちに野球の魅力を伝えたいです」

私をアフリカに導いてくれた本の著者である友成さんに、「私もアフリカで野球の普及のために頑張ります」と、ひと言、お伝えしたかったのです。

すると、数日後にこんな返信がありました。

「いま、私もタンザニアにいます。現在、主要都市では2チームが活動しています。上原さんが行くザンジバルは野球皆無の島です。一緒に頑張りましょう」

なんと、友成さんはそのとき、JICAタンザニア事務所に勤務していて、そのかたわらで主要都市のダルエスサラームでも野球を始めていたのです。

ご本人からのメッセージ、そして、「野球皆無の島」というひと言が、私の心にさらに火をつけてくれたのでした。

ＪＩＣＡの失敗か、不良隊員の誕生

４月から、福島県二本松市にあるＪＩＣＡの訓練所で、派遣前訓練に参加しました。ここでは、語学と発展途上国で生活するうえでの注意点などを中心に訓練を受けます。

入所してすぐ、レベル別に分けるための語学力テストが行われました。私は、「目を見張るほどの素晴らしい得点」をたたき出したらしく、すぐに職員室へ呼び出され、温かい言葉をいただきました。

「点数が低すぎます。明日から、自由時間も遊びに出ないで勉強してください。もし最終試験に合格できなければ、派遣はしません」

この歳（当時32歳）になって、職員室に呼び出されて叱られるとは……。真顔で「最終試験に合格できなければ、派遣はしません」と言われて、かなり焦りました。もし万が一そうなったら、恥ずかしくて沖縄に帰れません……。

こうして、昼も夜も休日も、英語の勉強に明け暮れる日々がスタートしました。具体的には、活動で英語が必要になるメンバーを集めた英語クラス（語学棟）で学ぶ、訓練の日々です。この訓練に参加しているのは、それぞれの任地に派遣される人たちばかりなので、誰に聞いても、いろいろな国のことを教えてくれました。それぞれの夢を語り合い、お互いに教え合い、本当に充実した日々を過ごしました。共に訓練を受けた180人近くの仲間ができましたが、それぞれが派遣された任地で、一人ひとりに「心に残る物語」があったことと思います。

私の英語クラスの先生は、ネパール出身のタパ先生という方でした。とても人気のある先生で、あるとき、私も惚《ほ》れてしまいそうになるほど格好イイひと言をくださいました。

それは、訓練も中盤にさしかかった時期の、語学力の中間試験のことです。試験終了のチャイムが鳴ったとき、なにを質問されているのか、意図さえわからない問題すらあって、まったく解けなかった私は、「もうダメだ……。アフリカへ派遣なんて、夢のまた夢だ……」と、教室でうなだれていました。絶望の真っただなかにいたそのとき、ちょうど教室にタパ先生が入ってきたのです。私は、地球最後の日のように落ち込んだ声で言いました。

「タパ、今回の試験もぜんぜんダメだったよ。ごめん……」

するとタパ先生は、ニコッと微笑んでこう言ったのです。

「気にするな！　タクが試験でよい点を取ってしまったら、私の仕事がなくなってしまうじゃないか」

正直に言えば、早口の英語だったので本当にそう言っていたかどうか100パーセントの自信はありません。日本語禁止の語学棟だったので、得意な日本語で確認することもできませんでした。しかし、私にはたしかにそう聞こえたし、そのひと言に救われたのです。

とんでもないほどの落ちこぼれの私でしたが、その後、タバ先生とたくさんの仲間たちのおかげで奇跡的に最終試験にパスすることができ、みんなと一緒に派遣してもらえることになりました。

その年の募集には「野球」という職種がなかったので、「体育」という職種で応募していて、実際に派遣されたら現地で野球をやればいいと企んでいました。派遣される前から本業以外のことを考えていて、しかも語学力は下の下の下。パスポートさえ持ったことのない、まれにみる不良隊員がここに誕生したのです。

アフリカ大陸の国境線とザンジバルの悲しい過去

2014年8月8日。私はスーツケースとグローブを持って、ザンジバル行きのフェリーに乗りました。タンザニア連合共和国に派遣された同期隊員10人で過ごした、主要都市ダルエスサラームでの慣らし期間はもう終わり。ただひとり、ザンジバルに派遣された不良隊員の活動が、いよいよ始まるのです。

少しずつ船足が落ちて、先ほどまで遠くにぼやけていた島の輪郭がくっきりしてきました。だんだんと見え始めた港の屋根には、スワヒリ語で〝KARIBU ZANZIBAR（ようこそザンジバルへ）〟と大きく書かれています。

スワヒリ語の「スワヒリ」は、アラブ語で「海岸に住む人」という意味。東アフリカの沿岸地域で使われていて、タンザニアやケニアでは公用語になっています。

10日ほど前、活動先となるザンジバル国立大学へあいさつも兼ねた事前訪問をしたときにも、この港でフェリーを降りました。港から出ると、すぐに地元のタクシー運転手たちに囲まれて、「タクシーあるよ！」と一斉に強引な勧誘が始まったのを思い出します。なんとか隊員になることができたものの、英語もスワヒリ語もぜんぜんダメな私は、少しビクビクしながら港を出たのです。

真っ赤な太陽と青い海、街には赤や黄色のハイビスカスが咲いています。魚市場をのぞくと、青と緑がきれいなイラブチャー（ブダイ）や真っ赤なミーバイ（ハタ）が並んでいて、その雰囲気は、どことなく沖縄と似ています。考えてみれば島の大きさも同じくらいです。

島特有のビーチリゾートに加えて、中心街のストーンタウンが世界遺産に登録されていることもあり、訪れる観光客はとても多いのです。島の両端、パジェやヌングイといったビーチサイドには、一泊数百ドルもする高級ホテルが建ち並んでいます。しかし、ダラダラ（乗り合いバス）で少し内陸部へ走ると、景色は赤土と緑に囲まれた村に変わり、牛やヤギと歩く子どもたちの姿も見えてきます。

歴史をひもとくと、もともと大陸側のタンガニーカとこのザンジバル諸島は、別の国だったのだそうです。

その2つが連合してタンザニア連合共和国になったのは1964年のこと。そんな歴史があるからか、住民は自分たちのことを「ザンジバリ」と呼び、海を挟む大陸側のことを、それがまるで別の国かのように「タンガニーカ」と呼びます。

正式には、私が赴任したウングジャと隣にあるペンバという2つの島を合わせてザンジバル諸島なのですが、住民も観光客も、このウングジャ島をザンジバルと呼んでいるのです。


ザンジバルには、負の遺産としかいいようがない、悲しい過去があります。野球の話を始める前に、まず、そのことをお話ししたいと思います。

島の中心街、ストーンタウンの一角にあるのは「旧奴隷《どれい》市場」です。アラブの商人たちが開いた奴隷市場の跡で、東アフリカ全域から黒人奴隷の人たちをここに集め、売買していたといわれています。世界地図を見てみると、国と国の境界を示す国境線の多くは、くねくねと曲がっています。それはもともと、国境というものが、そこにある自然の地形に沿っていることが多いからです。

しかし、アフリカ大陸の地図を見てみてください。国境線が、定規で線を引いたような直線になっている国々がたくさんあることに気づかれると思います。これは、その昔、列強と呼ばれたヨーロッパの国々が、アフリカ大陸を植民地として、互いに分割するために引いた線なのです。

「ここからは、俺たちの植民地だ」「そこまでは、わが国の植民地である」と、まるでモノを奪い合うかのように、自分たちの都合だけで境界線を引いてしまったのです。当然、そこには、その地にずっと住んでいた人たちがいます。もともとある文化や民族性なども存在します。それなのに、そうしたものをいっさい考慮せずに国境線を引いてしまったために、同じ民族なのに他国に分けられたり、ひとつの国に多くの民族が暮らすことになったりしてしまいました。それが原因になって、アフリカの国々はずっと紛争を繰り返してきたといわれています。あの有名なマサイ民族が、タンザニアとケニアの両方にいるのは、そういう背景も関係しているのかもしれません。

列強と呼ばれた国々は、強引に国境を決めるのと同じ感覚で、そこに住む人々も「俺たちのモノ」として、それこそモノを扱うように、この奴隷市場へ連れてきて売買をしたのでしょうか。

ザンジバルでは、実際に奴隷たちが収容されていた薄暗いスペースや、暗黒の歴史の資料館などを見ることができます。私も見学しましたが、当時、東アフリカの奴隷の人たちがどのような扱いを受けていたのかを実感することができ、本当に心が痛みました。鎖につながる首輪をつけられた奴隷のモニュメントは、いまも強く印象に残っています。

世界中の人々が絶対に忘れてはいけない負の遺産だと思います。

「ベースィボーリ」

私の活動先は、ザンジバル国立大学。ここで、体育教師を育成することを要請されています。これが、協力隊としての私の本業です。

大学の同僚になったアメリ先生は他国への留学経験があり、スポーツについて幅広い知識を持っていました。野球の試合も観たことがあるらしく、「あの、クリケットみたいなやつでしょ?」と言っていました。

日本ではどちらかというと、クリケットのほうが「野球みたいなやつ」ですが、おもしろいことに、ここではそれが逆になるようです。

「この島で野球を始めるには、どうしたらいいかな?」と聞いてみると、「ザンジバリはみんな、ムピラ・ワ・ミグーが大好きだからどうかな」と笑います。ムピラというのは、スワヒリ語で「ボール」のこと。ミグーは「足」、2つを組み合わせて、サッカーのことをそう呼びます。同じように、ムピラ・ワ・キカプは、「ボール」と「かご」でバスケットボール、ムピラ・ワ・ワーブは、「ボール」と「網」でバレーボールとなるのです。「じゃ、ベースボールは?」と聞いてみると……。

「ベースィボーリ」

ベースィボーリ? なんだそれは? なぜだかわかりませんが、タンザニアには、単語の語尾をI(アイ)に変える独特なイングリッシュが存在します。たとえば、ホテルだとホテリ、ホスピタルはホスピタリ、ジャパンはジャパニ。

「ベースィボーリ」ということは、スワヒリ語で球技のことを指す「ムピラ・ワ・〇〇」にはベースボールを表わす単語が存在しないということなのです。その言葉すら存在しない場所で野球を教える……まさにゼロからのスタート。いよいよおもしろい展開になってきました。

不便だけど居心地のよい生活

私の住まいは、大学が準備してくれたアパートの2階にある一室でした。ここもアメリ先生が案内してくれました。小ぎれいな部屋で、一人暮らしには十分な広さです。「水道の蛇口はあるけど、水が出たことはないから、水は外から運んでこないといけないよ」とアメリ先生。「電気は大丈夫。1日に何度も停電する日があるけど、このアパートだけではないから気にしないで」とも言っていました。

水道の蛇口から水が出ず、一日に何度も電気が止まる家。日本ではなかなかないことですが、この辺りでは日常のようです。

奥の寝室には、蚊帳《かや》を装着できる天蓋《てんがい》つきの大きなベッドを用意してくれていました。ここだけやけに豪華ですが、マラリアやデング熱などを媒介《ばいかい》する蚊が多く生息しているので、蚊帳の中で眠る必要があるのです。

アパート近くの市場は、モンバサと呼ばれています。シモーニと呼ぶ人もいますが、どちらが正しいのかは謎です。

市場に入って右側へ行くと、野菜や肉などの食料や生活用具などが売っていて、日常的に使うものは、だいたいそこで揃います。買い物に出かけると、はじめの数回はジロジロ見られましたが、店番をしている人たちとケラムと呼ばれるボードゲームで一緒に遊ぶようになってからは、ほしいものを聞いてくれるようになりました。
市場には冷蔵庫がないので、牛やヤギの肉は大きな塊ごと屋根から吊るされているし、魚は地面に並んでいます。長時間の保存ができないことも関係しているのか、ニワトリは生きたままの姿でも売られています。各家庭で絞めて「チキン」にするので、日本では「命の教育」になる題材が日常生活にあるようなものでしょうか。

市場のどこを探しても、豚肉だけは見つかりません。なぜなら、ここがイスラム教を信仰するムスリムの島だからです。彼らにとって豚は不浄の動物であり、その肉を食べることは禁止されているのです。日本でも、さすがに生で食べることはありませんが、私が生まれ育った沖縄では「豚は鳴き声以外すべて食べる」といわれるくらい貴重な食材です。とてももったいない気がしますが、これを異文化と呼ぶのでしょう。
肉も魚もハエがたかっているので、最初は買うのに勇気が要りましたが、すぐに慣れました。火さえ通せばどれも美味しく食べることができます。

市場に入って左側へ行くと、炭火をおこして料理をしている女性たちの屋台食堂があります。とうもろこしの粉を練って団子状にしたウガリや、ごはんの上に肉と豆のスープがかかったワリニャマなどがあり、安くておいしい食堂です。そのなかでも、牛足スープにチャパティ（小麦粉を練って薄く焼いたクレープみたいなもの）をつけて食べるのが私のお気に入りで、朝ごはんの定番になりました。

「シカモー、ママ」

「マラハバ、タクゥ」

これが、私とママたちの決まったあいさつ。これは、ママたちだけではなくて、お年寄りや、自分よりもだいぶ年上の人には、まず「シカモー」と言って、敬意を表わすのが決まりなのです。相手が「マラハバ」と応えてくれて、はじめてその場が成立します。これを言わないと、怒って無視する人もいるので要注意。その後、「牛足スープとチャパティちょうだい」と注文するのです。

市場近くの小さな広場では、アサーニという青年が、サトウキビとライムの生搾りジュースを売っています。サトウキビとライムを、ローラーが2つある搾り器に入れて、出てきた汁を氷で冷やすというだけの簡単なジュース。沖縄にもありそうなものですが、見たことはありませんでした。しかも、５００シリングで買えるので、とても安いのです。日本円にすると30円くらいでしょうか。帰り道、アサーニを見かけてはジュースを飲むようになりました。

彼らは、アジア圏の人はみんなが中国から来たと思っている節があります。それだけ、多くの中国人がアフリカへ進出しているということでしょうか。アサーニも例外ではなく、そう思っていたようです。

「タクゥ、チナ（中国）から来たんだろう？」

「ジャパンだよ。おれの地元にも、サトウキビがいっぱいあるぞ」

「へぇー、ジャパニか、いいね」

「アサーニ、ベースボールを知ってるかい？」

「ベースィボーリ？　知らないなぁ。それより、ジャパニからザンジバルまでダラダラでどれくらいかかった？」

口をへの字に曲げ、「ベースボール」なんて聞いたこともないという表情をして、すぐに話題を変えてきました。

こちらはといえば、「ダラダラでどれくらい？」と聞かれても、実際、日本からザンジバルまで仮にバスで移動できたとしても、どれくらいかかるか見当もつかないので、「どうだろうな」とだけ答えたのでした。

野球皆無の島

2週間くらいかけて、アパート周辺の広場をいくつも歩きまわってみました。もちろん、野球ができる場所を探してみたのです。どこの広場を見ても、木の枝を2本、地面に突き差しただけの手作りサッカーゴールがあるだけです。

サッカーは、広場にゴールをつくり、あとはサッカーボールがひとつあれば、一斉に大人数が遊ぶことができます。サッカーが、競技として楽しいのはもちろんのことですが、世界中に普及している最大の理由は、必要な道具がほとんど要らないことなのだと実感しました。

それに比べて野球は、ボールにグローブ、バットにヘルメット、ベースやバックネットなど、必要な道具や設備がとても多いのが難点です。もちろん、ルールが複雑なことなど、ほかにも理由はあるにせよ、野球が世界中に普及されない大きな理由がそこにあります。

町中を歩きまわっても、これでもかというほど、野球に関するモノはどこにも見当たりません。「ザンジバルは野球皆無の島です」と聞いてはいましたが、自分の目でまじまじと確認できたら、ジュース売りのアサーニが見せた、口をへの字にした表情にも納得がいきました。

「だからこそ、俺はこの島に導かれたんだ！」

安全に練習ができる広場さえあれば、その辺で遊んでいる子どもたちとキャッチボールくらいはスタートできるはず。この逆境に、さらにワクワクしてきました。

第2章
縁を結ぶ一期一会

カクメイジとのご縁

野球ができそうな広場を探して歩きまわっていた頃、島岡強《しまおかつよし》さんとのご縁がありました。30年以上も前から奥様の由美子《ゆみこ》さんと共にザンジバルに住み、地元住民の経済自立に向けた支援活動を続けている方です。

「革命家の島岡です」

はじめてお目にかかったとき、島岡さんは私に、そう自己紹介しました。最初は、は

ドレの野球初日、バッティングを教えるカクメイジ

じめて聞いた肩書きと響きの怖さに少し動揺したものです。「革命」というと、民衆が支配者を倒して新しい時代をつくる、というようなイメージがあったため、一瞬、島岡さんが民衆を率いて戦っている姿がちらつきました。しかし、話を聞いてみると、島岡さんが言う革命は武力闘争などではなく、「アフリカの国々が外国の援助を一切受けず、政治的にも経済的にも独立した国にしていくための活動で、それがアフリカ独立革命」なのだそうです。

具体的には、現地の雇用を生むための漁業会社、運送会社、国に外貨を入れるためにタンザニア（アフリカ）製品の貿易会社を経営しているとのこと。そのかたわら、20年以上前にゼロから教え始めた柔道の選手たちを東アフリカ最強チームに育て上げ、世界選手権にも出場させています。

由美子さんは執筆活動もしておられ、島岡さんの同志として、その志とアフリカの現状や民話などを伝える本を出版されています。

おふたりは、日本でほとんど知られていなかったティンガティンガ・アートを広めながらアーティストたちの生活を支えるなど、ほかにも多くのことを同時に手がけていて、収入的には裕福な生活ができるはずなのに、地元の人たちと同じ公団アパートにずっと住んでいるのです。そのことについて島岡さんに聞いてみると、「大きな門を構えた立派な屋敷に住んだら、地元のとくに貧しい人たちが気軽に来にくくなるじゃないか」と笑います。

このときも、汗だくのおじさんが「カクメイジいるかい？」と言って部屋に入ってきて、「今日は大漁だったよ」と漁の報告をしていました。「カクメイジ」というのは島岡さんの愛称で、漢字では「革命児」と書くのでしょう。そういえば、家の玄関にある表札にもローマ字でそう書かれていたし、このおじさんが船長を務める船の名前も「カクメイジ号」なのだとか。

カクメイジは、ザンジバル柔道連盟の名誉会長もしているらしく、その後に来た柔道の弟子だというおじさんは、ここがまるで自分の家かのように、勝手を知っているようでした。なるほど、カクメイジは自分自身の快適な生活よりも、地元の人たちを思いやり、彼らとの信頼関係を優先しているのでした。

応援団長は政府の役人

カクメイジに招かれた食事会の席、私がなぜアフリカに来たいと思ったのかをお話しし、ここで野球を始めるにはどうしたらいいか、と相談してみました。

「野球か。ちょうど、ハッサンが子どもたちに野球を始めさせたいと言っていたんだよ。ザンジバルの球技といえばサッカー一辺倒で、サッカーで輝けない子たちは一生スポーツでは輝けないんだ。ほかに熱中するものもなく仕事もない若者たちが、ドラッグに走るのを食い止めるためにも新しいスポーツの導入を考えていたんだよ。そこで、ハッサンが広島大学へ留学中に観た野球には、規律と尊敬があったから、それをザンジバルにも導入したいと考え、日本の柔道を広めている俺に相談してきたというわけさ」

カクメイジが言うハッサンというのは、ザンジバル政府スポーツカウンシル（評議会）の書記長のこと。私がここへ来る前から、彼がそんな話をしていたそうなのです。

後日、カクメイジの紹介でハッサン書記長と会う時間をいただきました。すると、ハッサン書記長はこんなことをおっしゃるではありませんか。

「ベースィボーリに興味を示している子たちがいて、グラウンドもあるが、プレーをするための道具がまったくなく、なにより、教えてくれる指導者がいない」

これはもう野球の神様に導かれたとしか思えない展開です。カクメイジの後押しもあり、ハッサン書記長との話はどんどん進みました。

道具の相談にのってくれたのは、私をアフリカに導いてくれた本『アフリカと白球』の著者、友成さんです。ありがたいことに、試合ができるだけの道具を一式揃えて、私たちに提供してくれることになりました。私は、すぐにフェリーに乗り、友成さんが活動をされているダルエスサラームへ。その日は、友成さんのお宅にお邪魔し、夜遅くまでアフリカ野球の未来について語り合いました。

「上原君、いつの日か、メイド・イン・タンザニアのグローブやバットができるくらい、広まってくれたらいいね」

まだまだ先は長そうですが、「ザンジバルにも、その種まきをするんだ」と私は思いを新たにして、ザンジバルへ戻るフェリーに乗ったのです。

提供していただいた道具は、グローブ20個とボール10ダース、バット2本。さらに、新品のユニフォームを20着も持たせてくれました。

「ザンジバルに野球を」と考えていたハッサン書記長、それを相談されていたカクメイジこと島岡さん、そして、先駆者である友成さん……。私は、奇跡的なご縁に導かれたとしかいいようがありません。こうして、ついに、ザンジバル野球は、その第一歩を踏み出すことになったのです。

「これが、野球ボールだ」

２０１４年９月21日、タンガニーカに遅れること約３年、ザンジバルでも野球がスタートしました。その場所は、ハッサン書記長が準備してくれた、ドレという地域にあるタンザニアオリンピック委員会が建てたスポーツ学校です。初日ということもあり、カクメイジと由美子さんも一緒に来てくれました。

「これが、野球ボールだ」

集まってくれた10歳前後の子どもたちに、そう言ってボールを見せましたが、握り方さえ知るはずがありません。グローブのつけ方はもちろん、野球のすべてが初体験です。右足を上げたまま右手で投げたり、左手にグローブをつけているのに右手でボールを捕ったりする。はっきり言ってハチャメチャな感じ。そんな彼らに基本的な動きを一つひとつ説明しながら、どうにかキャッチボールをすることができましたが、相手との距離は、5メートルが精いっぱいでした。

私は、スワヒリ語をぜんぜん話せませんので、カクメイジがスワヒリ語でアドバイスしてくれたり、カクメイジの柔道の弟子、キテーゲさんが手伝ってくれたりしました。

その後、試しにやってみたバッティング練習では、私がピッチャーをして、みんなにバットを持たせてみました。もちろん、子どもたちは「ストライクゾーン」なんて言葉があることも知りません。ストライクもボールも意識しないで打席に立つ彼らに、私が教えてあげられるのはたったひとつ。

「来たボールを思い切り打て！」

頭よりずっと高い球や、ワンバウンドの球にもフルスイングする彼ら。その無邪気な姿を見て、最初は微笑ましく思っていた私。

しかし、彼らの自由奔放な姿と満面の笑顔を見ているうち、だんだんと感動してきました。これって、野球の原点なのでは……？

「捕った！　捕った！」「当たった！　当たった！」一球一球に一喜一憂する彼らの笑顔を、私は、生涯《しょうがい》忘れることはありません。

日本に野球が伝わったのは明治5年のことだそうです。東京の学校（のちの東京大学）に勤務していたアメリカ人のホーレス・ウィルソン先生が、学生たちとスタートさせたのが日本野球の始まりなのだといいます。ウィルソン先生も、はじめて野球ボールで遊ぶ日本人の姿を見て、きっと感動したのではないでしょうか。

この子たちに野球の素晴らしさを伝えたい。この地に、野球という素晴らしいものを定着させたい。私は、白球を追う子どもたちの姿を見て、さらにそんな思いを強くしたのでした。

グラウンドまでのでこぼこ野道

野球が始まったグラウンドは、中心街のストーンタウンから離れたドレという地域にあり、私が住むモンバサからでも車で20分くらいはかかりました。ダラダラ（軽トラックを改造した乗り合いバス）の席が空いているときはよいですが、満席のときは「定員」という概念がないので最悪です。荷台の後ろ（車両の外側）に立って、自力でダラダラにしがみつかなければならないので、とても危険。少しでも手を緩めたら落ちてしまうのに、乗客がそんな状態でも、運転手は遠慮なく飛ばすので、こっちはしがみつくのに必死なのです。

ダラダラを降りると、今度は、車では通ることができない、赤土のでこぼこ野道を歩いて進まなければなりません。いわゆるオフロードというやつです。この辺まで来るとアジア人がとても珍しいようで、村の子どもたちが、「チナ！　チナ！」と言って楽しそうに追いかけてきます。「チナ」とは「チャイナ」の訛《なま》り。やっぱり、アジア人イコール中国人だと思われています。

牛やヤギ、ニワトリやトカゲなどを横目に、さらに20分くらいキャッサバ畑を歩いていくと、その先にようやくグラウンドが見えてきます。

最初のうちは、ここまでの道がまったくわからず、グローブやバットなどの道具も1人で持ち運んでいたので、ハッサン書記長が送迎してくれていました。しかし、私が、いつまでもお客さんのように役人の車で送迎してもらっていてはダメだと感じていたこと、道具の管理もチームでさせようと考えたこともあり、ドレのムッサ校長に、道具の管理をお願いすることにしました。停留所まで歩く時間や、ダラダラが来るのを待つ時間を含めると、どうしても1時間はかかりますが、荷物がなくなって身軽になった私は、ダラダラに乗ってひとりでグラウンドへ行くことができるようになったのです。

練習時間よりも、移動時間のほうが長い日もありますが、こんなふうに時間をかけてグラウンドへたどり着くのは、子どもたちも同じです。ある子は牛の散歩を終わらせてから……、ある子は畑の雑草抜きを終わらせてから……。野球がやりたくて、みんなあの道を歩いてきます。彼らのテンションが上がり、2時間近く練習できた日も何回かはありました。そうかと思えば、私ひとり待ちぼうけで誰も来ない日も……。それはそれで、またいいものです。

「今日は、あいつ、来るかな」「今日は、どんな練習をしたら、みんなが楽しめるだろう?」

口笛を吹きながら赤土のでこぼこ野道を歩く。私にとっては、グラウンドまでの移動もまた、大好きな時間だったのです。

トライフォンは好青年

ドレの練習に集まってくれる子たちのなかに、いつも礼儀正しいトライフォンという青年がいました。基本的には、みんなそのときどきのモチベーションによって、来たり来なかったりするので、毎回違う顔ぶれが集まるのですが、トライフォンだけはほぼ毎回来てくれました。それだけでなく、ムッサ校長に頼んでいた道具の管理も、実際には彼がやってくれていたようです。

年齢は17歳くらいでしょうか。あきらかに、ほかの子たちよりは年上で、いわば、みんなのお兄ちゃん的存在。音楽がとても好きらしく、グラウンドの周辺にある木材や鉄筋などをたたいて、リズム遊びをしているのをよく見かけました。その彼の周りには、小さな子たちが円を描いて、「次は僕に教えてよ」と順番を待っているようでした。

練習中も、私が言っていることを、ほかの子どもたちにかみ砕いてわかりやすく伝えてくれていて、私を助けてくれた場面が何度もありました。そんなことから、自然と、ここでの練習は、トライフォンを中心に進めるようになっていきました。

オスマン先生との出会い

練習を開始して1か月が過ぎようとしていた頃、1人のおじさんが練習を見に来るようになりました。ウォームアップからキャッチボール、ゴロ捕球、フライ捕球、打撃、ルールの勉強と、ひととおり練習をしているあいだ、グラウンドの隅っこにある階段の上からずっと見学しています。

そのおじさんはオートバイで来ていましたが、このグラウンドは、通りすがりで来るような場所ではありません。あのでこぼこ野道を通って、間違いなく野球を見に来ているのです。地元の人に、少し興味を持ってもらえたのだと思って、内心、喜んでいました。そんなある日の練習後のこと。そのおじさんが話しかけてきました。

「ミスタータクゥ？　私の名前はオスマン。ムァナクェレクェCセカンダリースクールの体育教師です。うちの生徒たちにもベースィボーリを教えてくれませんか？」

なんと、そのおじさんは学校の先生だったのです。これは願ってもないチャンスと思い、「もちろんです！　いつから始めましょうか！」と即答しました。これがオスマン先生との出会いです。

話を聞いてみると、すでに男女合わせて20人近くの子どもたちにベースィボーリの話をしているのだというではありませんか。また、さらに話していくと、オスマン先生は柔道経験者で、カクメイジの弟子だったこともわかりました。話はトントン拍子に進み、翌週から、オスマン先生が勤務しているクェレクェでも練習を開始することになりました。

16人のパイオニアたち

その初日、クェレクェの場所がわからなかったので、オスマン先生がモンバサ市場まで、いつものオートバイで迎えに来てくれました。オスマン先生のオートバイの後ろに乗って、みんなが待つ、ムァナクェレクェCセカンダリースクールのグラウンドへ。到着すると、裸足の生徒たちが、私たちを待ってくれていました。

私が自己紹介をした後、カリムという少年が、「キャプテンのカリムです」とあいさつしてくれました。チョイ悪っぽい見た目ですが、シャイな感じがする少年です。私は、「よろしく」と右手を出しました。オマリとサルームは、紳士的に、胸に手を当てて微笑みながら会釈してくれました。その隣で、愛敬《あいきょう》をふりまいて笑っているのはアブドゥリ。オスマン先生に、うるさいと注意されているスレッシュとアリは、お調子者っぽく見えますがどうでしょう。ナスラ、ナディア、サブリナの3人は、女の子。ムスリムの女性は、髪の毛が男性から見えないように、頭を布で覆っています。ファハディ、サイーディはみんなより身体が小さく、とても細く見えます。もしかしたら、みんなより年下かもしれません。アブバカルとモハメッドは、シャキシャキしたしっかり者、このふたりは腕時計もしています。きちんと時間を守れる子たちなのかもしれません。ラシッドはヒョロッとしていて、なぜかずっとニコニコしています。

デコとカッシムという子もいるらしいですが、この日は来ていませんでした。以上の16名がメンバー。将来、ザンジバル野球を引っ張ってゆくパイオニアたちです。

グラウンドが赤土なので（ドレは草場）、裸足なのが気になりましたが、これにはみんな慣れている様子。練習は、まず、ドレと同じように、ボールの握り方とグローブの使い方を教えるところから始めました。次に、キャッチボールをしてみましたが、やはり5メートルくらいが精いっぱい。とくに、慌てることもないので、初日にしては上出来です。

この日、2つ目のチームが練習を開始したことはもちろん嬉しいことですが、なによりも手応えを感じたのは、オスマン先生が、子どもたちのあいだに入って指導する姿を見たときです。ドレでの練習を何度も見学していた彼は、見様見真似ではありましたが、すでにコーチをしているのです。

野球のプレー経験がなく、試合も観たことがない、ましてやルールもわからないコーチは、世界中のどんな競技を探してもなかなかいないでしょう。でも、ここにはしっかりと実在していました。経験や知識がなくても、オスマン先生には熱意があります。「この子たちと、ザンジバル野球の歴史をスタートさせたい!」というような具体的な考えがあったかどうかはわかりませんが、彼が行動を起こさなければ、ザンジバル野球の発展がなかったということは間違いありません。

ドレでの練習を通して、細かい技術を伝えたり、モチベーションを維持させたりすることの難しさを痛感していた私は、ここで、この16人に野球を教えるうえで、あるひとつの図式を思いうかべました。それは、ルールや技術については、主に私が教えて、細かい表現や日常生活での指導はオスマン先生に頼もうというもの。グラウンドだけでなく、学校内でも生活指導できる彼の立場と、なによりその熱意は、チームのコーチとしてまさに理想的だと思ったのです。

その日の練習後、私はさっそくオスマン先生にそのことを伝えました。私からの提案をオスマン先生は快諾。

「お互い協力し合って、ザンジバル野球を発展させていきましょう」

私の言葉にオスマン先生はこう応えてくれました。

「ああ、がんばろう。ラフィキ、ラフィキ！」

ラフィキというのは、スワヒリ語で「友だち」のこと。またひとり、同志と出会うことができました。こうして、ドレとクェレクェ、２つの地域で野球が始まったのです。

1時は7時、3時は9時？

クェレクェでの練習が、何回か続いていました。アメリカで最初にできたといわれる野球のルール（ニッカーボッカー・ベースボール・クラブ・ルール）の第一条にはこうあるそうです。

「メンバーは決められた時間に集合すること」

まずは時間どおりに集まることが基本です。それに、私たちが練習日としている土日は、低学年のサッカーチームの練習と、高学年のサッカーチームの練習のあいだにしかグラウンドを使えないので、時間が限られています。集合時間を守ってみんなが集まってくれないと、練習ができないのです。

この数回の練習で、彼らも少しずつ時間を守るようになってきました。といっても、分刻みのスケジュールは立てられません。1人、2人と、少しずつ増えてきて、メンバー全員が集まるのは開始予定時間の10分過ぎくらいでしょうか。まあまあ、許容範囲です。なにしろ、最初のうちは、朝だと言ったのに夕方に来る子がいたり、夕方と言ったのに朝集まったりすることがありました。しかしそれは、決して、彼らが時間にいい加減なのではありません。実は、当初の混乱には大きな理由がありました。

スワヒリ語の会話では、時計を目で見た時間と、言葉にする時間が違うのです。たとえば、時計を見て1時なら7時と言うし、2時なら8時と言う。9時なら3時。なぜか6時間を足し引きした時間を言うのです。

これについては、理由を聞いても「スワヒリ語ではそう言うんだ」としか答えてくれないので、私が合わせるしかありませんでした。私が少しずつスワヒリ文化の「時間」に慣れてきたことも、選手たちとの時間の感覚が近づいてきた理由のひとつなのかもしれません。

生きているだけで「ンズーリ」

朝、練習の前に子どもたちと会うと、こんなあいさつが交わされます。

「モハメッド、ハバリヤッコ?」

「ンズーリ、タクゥ!」

「ハバリヤッコ?」というのは、直訳すると「あなたのニュースは?」ということですが、「今日の調子どう?」みたいな感じの定番のあいさつです。そしてモハメッドが応えてくれた「ンズーリ」は、「Good」という意味。言い方はほかにもいくつかありますが、どんな状況でもンズーリ、「Good」と言わなければいけないのです。

たとえば、熱が出ていても、ケガをしていても、気分が落ち込んでいても、「ハバリヤッコ?」と聞かれたら、いつも「ンズーリ」と応えます。「体調や気分が悪い日もあるのに、なんでいつもンズーリと言うの?」そうモンバサ市場のママに聞いてみたことがあります。すると、こんな言葉が。

「タクゥは、いまここに生きているのよ。病気をしても、ケガをしても、悩んでいても、ここに命を授かって生きているの。それだけでンズーリなこと」

その話を聞いて以来、私は、下痢でも発熱でもそう応えるようにしました。明石家さんまさんが「生きてるだけで丸もうけ」と言っていますが、まさしくそんな感じ。日本の忙しい暮らしのなかでも、この気持ちは忘れずにいたいものです。

整理整頓の心

先週、選手たちと「来週は『2時』から練習しようか」と約束した私は、6時間前の朝8時に、グラウンドへやって来ました。ひととおりあいさつを交わすと、「ボールをちょうだい」とモハメッドが手を出したので、「ケガをするといけないから、ウォームアップをしようか」と私。

「ウォームアップって、ランニング?」とモハメッド。まぁ、それだけではありませんが、そういうことにして、みんなが集まるのを待ち、「みんな、ここに集まって2列で並んでくれ」と声をかけました。

2列をつくった選手たちは、以前と異なり、みんな靴を履いています。少しずつ練習の動きも激しくなってきたので、足のケガを心配した私が、「なんでもいいから靴を履いてくれ」と提案したのです。子どもたちが靴を履いたせいか、ここ最近はオスマン先生がとても張り切っています。

この日も、「みんな、俺についてこい」と言って、2列をつくった選手たちをオートバイで先導していきます。まるで、マラソン大会でもするかのようにグラウンドを出て行きました。

ひとり残された私。ふと、彼らのカバンや道具に目をやると、あちこちに散らばって無造作に置いてあります。彼らにかぎらず、ここでは大人でもモノを整理整頓したり、順番を守って列に並んだりする習慣がありません。そのためか、大学の食堂では、注文している私の後方からお金を握った手が伸びてきて、横入りで注文されることがよくありました。この頃はもう、後ろから伸びてくる手に負けずに、自分の注文をとってもらえるようになっていましたが……。

みんながランニングに出て5分が過ぎ、そろそろかなと思う私。しかし、10分経っても選手たちはぜんぜん戻ってきません。え？　ウォームアップだよな……。20分が経過。どこまで行ったんだろう……。練習を終えた低学年のサッカーチームの子たちが、私を見て、「チナがひとりで座ってるー」と楽しそうに指を差して笑っています。

息を切らした彼らが戻ってきたのは、まさかの40分後。その間、私にとっては謎の待ちぼうけ時間でした。

「靴を履いているから長く走っても大丈夫だ」とドヤ顔のオスマン先生。

「それはそうかもしれないけど、練習の時間が短くなるから、明日からはグラウンド内を走りましょうか」と、私はちょっと強めに提案（抗議？）しました。


その後、息の整った選手たちにこう声をかけました。

「まず、自分たちの道具を整理して、1か所に集めてから、練習を始めよう」

「なぜそんなことをするの？」と不思議そうに、木の枝やグラウンド横の歩道から道具を集めてきた選手たち。

「将来、キミたちが試合をできるようになったとき、ベンチ内がこのように散らばっていたら、試合の途中に自分のグローブを探すことになるかもしれないよ。そんなことをしていたら、準備が遅れて良いプレーができない。日本の野球チームのように少しの乱れもなく揃えて置く必要はないけど、せめて自分たちの道具がどこにあるかくらい把握しておくのは大切なことだと思うんだ。それに、大人になって働き始めてからも、野球から学ぶこの習慣はきっと役に立つことがあるはずだよ！」

……と、言葉で説明できればよかったのですが、あいにく、この整理整頓の大切さをスワヒリ語で説明できるほどの語彙《ごい》力が私にはまだありませんでした。仕方なく、私はド真面目な顔をしてひと言、こう伝えたのです。

「それがベースボールなんだ」

指導するオスマン先生（右）

第3章
チームづくり奮闘記

キャッチボールが練習そのもの

私たちの練習は、ウォームアップが終わると、毎回、キャッチボールに長い時間を割きました。なぜかというと、投げられたボールを、上手にキャッチできない人が多かったからです。ラシッド以外は、投げるのはだいぶ上達していて、だいたい相手付近に投げることができるようになってきたのですが、捕るほうが難しいらしく、なかなかうまくいきません。結局、単純なキャッチボールが一番いい練習になるのです。なにごとも「基本」が大切。それはいつでもどこでも共通のようです。

木の枝を使ってストライクゾーンを説明

その日は、アブドゥリとカッシムがペアになってキャッチボールをしていました。オスマン先生は、自分では言わなかったので、私はずっと知らなかったのですが、アブドゥリはオスマン先生の息子だそうです。言われてみれば、少し似ている気もします。彼が投げる球はとても安定していて、ルールを覚えさえすれば、すぐにいいプレーができるだろう、というレベル。

「相手が上手にキャッチできたら、『ナイスキャッチ』と言ってあげようか」そうみんなに声をかけると、いろいろなところから「ナイスキャッチ」と聞こえてきて、活気が出てきました。キャッチボールの距離はちょうど10メートルくらいになっています。

サブリナは、自分までボールを届かせてくれないラシッドに対して、「ラシッド！ちゃんとここまで投げてよね！」とグローブを広げています。彼がちゃんと投げてくれないと、誰にも「ナイスキャッチ」と言ってもらえないので怒っているのです。ラシッドは、怒られてもニコニコ楽しそうに続けます。これはいつものこと。それにしても、ラシッドはなかなかうまくなりません。

ふと、アブドゥリ&カッシムペアに目をやると、ちょうどアブドゥリが投げたところ。そのボールをカッシムはがっちりとキャッチしました。アブドゥリは「おっ、捕った」という表情を見せただけでしたが、カッシムがボールを捕った自分に対して「ナイスキャーッチ！」と大きな声で言ったのがおかしくて、みんな手をとめて大笑いしたのです。自分で自分に「ナイスキャーッチ！」。それを見てみんなが笑う、とてもいい雰囲気です。

「アウトってなんだっけ？」

クェレクェで練習が始まって少したった頃、協力隊の先輩、斎藤淳司《さいとうじゅんじ》さん（じゅん）と、沢谷洋平《さわやようへい》さんが、コーチとして練習を手伝いに来てくれるようになりました。野球を知っているコーチが3人になったことで、これまではできなかった練習ができるようになったのです。

しかも、1年も前からザンジバルで生活してきた彼らは、流ちょうなスワヒリ語を話すことができます。カタコトの会話でなんとかしていた私にとっては、こちらの面でも心強い助っ人です。強力なコーチ陣を迎え、チームの練習は日を増すごとに充実していきました。

捕る、投げる、打つ、走る、というような野球に必要な基礎動作は、3人で手本を見せると選手たちは意外と簡単にマスターしてくれました。しかし、やはり一番苦労したのはルールを理解させることです。これは、新しいスポーツを普及させたいときには避けて通れない壁なのだと痛感させられました。

たとえば、「内野手のサルームはここ、外野手のスレッシュはここに立って、バッターが打ったボールを捕るんだ」「アリ、バッターは打った後に一塁へ走るんだぞ!」「内野手はボールを捕ったら一塁にいるオマリへ投げる!」「オマリがボールをキャッチして、バッターより早く一塁ベースを踏んだら、バッターだったアリはアウトになるんだ」と、そんな説明をしても、サイーディとファハディからはこんな質問が。

「タクゥ、アウトってなんだっけ?」

するとまた私たちは、「うーん……。アウトというのはだな……」と、さらに掘り下げた……というか、基本的な説明を続けるのです。野球を知っている人間からすると、「アウトってなんだっけ」という疑問は考えたこともなく、なんだか少し哲学的な気持ちになったりもします。

ただでさえ数が多く、複雑な野球のルールを、試合も観たことのない素人集団に、スワヒリ語で説明するのだから、苦労するのも当然です。ほんの少しでも進歩したら大喜び、そうかと思えば、初歩的なミスにがっくり肩を落とす、毎日がその繰り返しです。

「根気強く」

そんな言葉がぴったり当てはまる日々でした。

打つのが大好き、キャット・アリ

みんなが好きなのは、フライを追いかけてキャッチする練習です。コーチ陣が打つ高いフライが、どの辺りに落ちるかを予測して走っていき、そのボールが地面に落ちる前にキャッチする。それだけのことが、彼らにはとてもおもしろいのです。

この「フライをキャッチできたら、バッターがアウトになる」ということを早く覚えてほしかったので、この練習は何度も繰り返しました。最初のうちは、みんなボールが後ろに飛んでいるのに前に走ってきたり、走る方向は合っているのに行き過ぎてボールを追い越してしまったりしていました。しかし、楽しんで回数を重ねるうちに、少しずつ慣れてきて、徐々に、さほど難しいプレーではなくなっていきました。

「タクゥが私の上に打たないから、私はキャッチできないんだよ」

そう文句を言うのはナディアです。そんなことを言われても、わざわざ外野手がいるところを狙って打ってくれるバッターはいないんだよナディア……。

彼女はフライがどこに落ちるか、という勘がまったくないらしく、ボールの落下地点がどのあたりになるのかがわからない様子でした。どこに落ちるかがわからないのですから、ボールを追って走ることもできないのはしかたがありません。しかし、最後までうまくいかなかった彼女も、低いフライから練習を始めて、高いフライもなんとか上手にキャッチできるようになりました。

「よーし、みんながフライを捕れるようになったな！　これで、試合をしてもアウトを取れる、すごいことだぞ！」

コーチ陣も一緒にみんな大喜びでノックを終えました。少し休憩して、フライを捕ることよりもみんなが大好きなバッティング練習に移ると、最初のバッターボックスに入るのはいつもアリです。よほどバッティングが好きなのか、いつもアリが最初に打つので、いつのまにかそれが当たり前になってしまいました。

実は彼、どこのチームにでも1人はいそうな、いつもなにを考えているかわからないヤツなのです。ぼーっとしていて人の話を聞いていなかったり、オッケーと言いながらみんなと違うことを始めたりします。人間の性格を動物にたとえると、D（ドッグ：まじめで忠実）、M（モンキー：賢明で機転がきく）、C（キャット：自由で気分屋）の3つのタイプに分類できると聞いたことがあります。どのチームにも全タイプがいて、チームの調子がよいときは、MがDをうまく引っ張っている状態で、ピンチのときは、Cが先頭を走って道を切り拓いてくれるのだとか。それでいうと、アリは間違いなくCタイプ。ふだんはひとり自由気ままに動いていますが、いつかチームのピンチを救ってくれるかもしれない、大切にすべきキャットなのです。

ある日のバッティング練習でのこと。私が投げた初球を、そのアリが思い切り打ちました。その打球はとても鋭く、ショートの頭上をライナーで抜けていきます。「おーっ、ナイスバッティング!」とみんなが声をあげた瞬間、アリはなんの迷いもなく三塁へ全力疾走していきました。三塁ベースを踏んでレフト方向へ駆け抜けるアリ。その姿を見て私もコーチも選手たちもみんな大笑い。その笑い声で、とんでもない間違いに気がついたアリ本人も大笑い。全員、一気に全身のチカラが抜けたのでした。

デコの裏ワザ

その日は、「得点」について教えていました。私がノッカーで、すぐ横にはキャッチャーに抜擢したデコがいます。

「デコ、バッターは打った後に一塁へ向かって走ることは覚えただろう?」

「うん」

「その後、二塁も三塁もまわって、このホームベースまで戻ってきて、それを踏むと相手に1点が入るんだ。わかるか?」

「うん、わかった」

本当に理解しているかどうか怪しいですが、口で教えるより実際にやってみせるほうが早いと思い、「よし、やってみよう」と、デコに準備をさせました。

私がノックを打つとわかると、レフトから「カモーンメーン！」と大きな声が聞こえてきます。声の主はスレッシュです。ほかのみんなは「タクゥ！　ここに打ってよ！」とお願いするように言うのですが、彼だけはなぜか「カモーンメーン」と言うのです。それが、チャラチャラしているように聞こえてイラッとするのですが、元気のよい若者がときどき見せる「大人をちょっとナメた態度」は嫌いではありません。

私は、バッター役になったサブリナがダイヤモンドを一周して戻って来られるように、スレッシュを大きく越える飛球を打ちました。私が打つのと同時に、サブリナがスタート。期待どおりに一塁を蹴って二塁へ、二塁も蹴って三塁へ。肝心のボールは、やっとボールに追いついたスレッシュが拾おうとしているところ。三塁をまわったサブリナが悠々とホームに向かって帰ってきます。

「デコ、これで相手に1点入るんだぞ」と、デコのほうに目を向けると……。デコが大真面目な顔で「これは踏まさない」と言って、ホームベースを手に持って逃げていくではありませんか！　まさか、キャッチャーがホームベースをかかえて逃げるとは！　野球を知っている身としては、想像を絶する発想です。

「デコ！　スピリスピリ！（待て待て！）」

私は思わず吹き出しながらデコを追いかけました。

「いいか、デコ。ベースを持って逃げてはいけないんだ」

そう教えましたが、デコは、「だって、これを踏まれたら1点を取られてしまうのに？」という表情。せっかくのナイスアイデアを却下されて不満顔です。

「たしかにそうだが……。デコ、諦めてくれ。これはルールなんだ」

ラシッドの投球フォームがヘンテコな理由

ルール以外にも、私たちの想像を超える事件は起きました。いつも、ロボットのようなぎこちない動きで、滑らかさのかけらもないフォームで投げていたラシッド。ふだんのキャッチボールを見ていても、塁間どころか、10メートルも投げることができていませんでした。私もコーチたちも、どうアドバイスしたらいいか悩むほど。「どうしようもなく、野球センスのない子」というのが、私たちのラシッドへの共通の評価でした。

しかし、当のラシッドはいつも楽しそうにプレーをしています。「まぁ、野球を好きになってくれればそれでいいか」と思っていました。

事件は、ある日のバッティング練習で起きました。いつものようにアリが最初に打っています。何球目だったか、三塁線へファウルが飛んだのです。たまたま、ファウルボールが飛んだ近くにいたのがラシッドでした。レフトの奥の草むらにまで転がってしまったボールを追いかけて、取りに行ってくれたラシッドは、草むらのなかからボールを拾い上げました。

そして、次の瞬間、私とコーチたちは、わが目を疑う光景を見たのです。なんと、あのラシッドが、内野にいたアブドゥリまで50メートル以上の距離を軽々と投げ返したのです！　一瞬、グラウンドの時間が止まりました。信じられない光景を見て、誰もが事態をのみ込めていません。私は、いま見た光景を頭のなかで再生しました。そして、気がついたのです。

「そうか！　ラシッドは左利きだったのか！」

いま、ラシッドはたしか左手で投げたような気がしました。いまの彼は、いつも使っているグローブをつけていません。自由になった左手でボールを投げ返したのです。それを同時に気がついた洋平、じゅんと目が合い、互いに笑うのを我慢できませんでした。

「ラシッド、右手と左手、どっちが投げやすい？」と聞いてみると、「こっち」と言って、左手を挙げます。「じゃあ、なんでいままで右手で投げていたんだい？」と続けると、こんな答えが。

「はじめてキャッチボールをした日、タクゥは『左手にグローブをこうはめて、ボールをこうやって投げるんだ』と手本を見せてくれたでしょう？」

日本でもそうですが、ここでも右利きの人があきらかに多かったため、私はグローブも右利き用を多く準備していたのです。そして、「左利きの子は、自分から言いにくるだろう」と思い込んでいました。日本での常識にとらわれていた私の大失態としか言いようがありません。


その翌週から、左利き用のグローブを使い始めたラシッドは、現在、ザンジバルのエースピッチャーです。長い手足を活かした滑らかなフォームで、ダイナミックに投げるサウスポー。その姿はまるでメジャーリーガーのようです。私の固まった考えひとつで、あやうく彼の才能を埋もれたままにさせるところでした。

人を育てるうえで、思い込みがいかに足を引っ張ってしまうかを痛感しました。才能が開花したラシッド。ザンジバルのエースから、タンザニアのエースへ、さらにアフリカのエースへと成長してくれることを期待しています。

「タクゥ、僕たちは大会に出たい！」

ベースやポジションの位置をすっかり覚え、内野ゴロや外野フライでバッターをアウトにするプレーについても、だいぶ理解してきた選手たち。しかし、スリーストライクでバッターがアウトになることや、アウトが3つで攻撃と守備を交替することなどは、まだ教えていません。

そろそろ、試合を想定した練習もしたいと考えていた頃、主要都市ダルエスサラームにいる友成さんから電話が入りました。

「12月に、第2回タンザニア甲子園大会を開催するんだ。タンザニア全土から、現在活動しているチームが集う野球大会でね。どう？　ザンジバルは大会に出場できそう？」

もちろん、試合をさせてあげたい気持ちはとても強くありました。しかし、ルールの理解度や技術レベルの未熟さという現実問題への不安が拭えません。

それに加え、私たちがダルエスサラームへ行くには、フェリー代金が必要でした。1人往復4万6000シリングなので、ベンチ入りできる登録選手15人分だと、69万シリング。日本円に換算すると5万円程度のことですが、ここではそれほど小さい金額ではありません。保護者たちの経済状況を考えると、徴収することはまず不可能です。

いろいろと葛藤しましたが、総合的に考えて、やはりまだ早いと判断し、「残念ですが、まだ、練習を始めて2か月も経ちませんので、試合にならないと思います。今年の出場は見送ります」と返答しました。

しかし、実際に野球の試合を観ることのできる絶好のチャンスを逃がしたくはありません。私は、選手たちにこのような提案をしてみました。

「12月に、ダルエスサラームで野球の全国大会があると連絡があった。でも、キミたちは、練習を始めたばかりだから大会には出場しない」

選手たちは、みんな解せない顔をしていましたが、話を続けます。

「しかし、試合を観ることのできるせっかくのチャンスだから、このなかから5人だけを、見学のためにダルエスサラームへ連れて行こうと思う」

すると、キャプテンのカリムが、すっとみんなの前に出て口を開きました。

「タクゥ、僕たちは大会に出たい！」

その流れに乗ってほかの選手たちも「ンディーヨ！（そうだ！）」と続きます。その気持ちはわかるのですが、どうしても試合になるとは思えません。

返答に困り果てた私は、しっかりしたスワヒリ語で説得してもらおうと思って、オスマン先生に助けを求めました。すると、彼までもが「タクゥ、連れて行ってあげてくれ」と言い出したのです。「ちょっと待て、簡単に言うな！」と、思わず日本語で返してしまいました。

まだ、彼らはストライクとボールの違いも知りません。そのうえ、旅費のことも考えないで、無責任なことを言うオスマン先生に対して本当に腹が立ったのです。結局、きちんと説得もできずにモヤモヤした気持ちのまま、その日の練習を終えました。

家に帰ってからも、大会のことが頭から離れません。

ふだん、風呂に使う水はバケツ1杯。風呂にたくさんの水を使ってしまうと、結局は、あとで溜《た》めなおす自分が大変な思いをするのです。しかし、グラウンドでのことを思い出しながら水をかぶっていると、まだ風呂も途中なのにバケツが空になってしまいました。明日の練習後はまた水を溜めなきゃと思いながら、別のバケツに溜めてあるストック分まで使ってしまうはめになったのです。

翌日、ウォームアップからキャッチボール、ゴロやフライの捕球、ルールの勉強と続けていくなかで、彼らのある変化に気がつきました。練習メニューはいつもと同じですが、声のかけ方や、捕球や送球に対する気迫、コーチ陣の話を聴く真剣さなど、野球に取り組む姿勢そのものが違っていたのです。それが、タンザニア甲子園大会を意識したものであることは、あきらかでした。

「ボールを捕った後はどうする？」「打った後はどこまでも走っていいの？」と積極的に質問してくる選手たち。そんな彼らを見ていると、だんだんと不安が小さくなってきて、私の気持ちは、少しずつ、大会出場の方向へと傾いていきました。

頭より心で決める日があっていい

ちょうど、彼らのテンションが最高潮で、練習が盛り上がっているとき、熱帯気候特有のスコールに見舞われました。こうなったら野球どころではありません。みんなを屋根がある建物へ移動させた私は、ひとつの決断をしていました。

「昨日の話だけど……やっぱり大会に出ようか」

そう伝えた瞬間、彼らは、まるで大雨なんか見えていないかのように、みんな大喜びで水浸しのグラウンドへ走っていきました。ずぶ濡れになりながら大はしゃぎをする彼ら。そんな彼らを見て胸が熱くなりました。

その夜、友成さんに電話をし、「やはり、ザンジバルも大会に出場させてもらえませんか？」とあらためて、大会出場を申し込みました。

肝心の旅費については、スポーツカウンシルに予算を出してもらえないかと、ハッサン書記長に相談してみました。経験値や実力については比べ物になりませんが、大統領がいる独立政府を持つザンジバルの代表なので、格としては、一国を代表するナショナルチームと同格なのです。彼らの未来のためにも、ぜひお願いしたいと頼み込みました。ドレでの活動前から、野球を応援してくれているハッサン書記長は、「よし、わかった。準備しよう」と言ってくれました。

ザンジバル代表チームの旅費として予算を立てるために、話が止まっているザンジバル野球連盟の設立を急ぐと言います。その手続きについて、オスマン先生とハッサン書記長が長々と話を始めました。その横で、ふたりの会話がまったくヒアリングできない私は、まったく別のことを考え始めていました。

「次は、どのルールを教えよう……」

もう、後戻りはできません。やるしかないのです。

タンザニア甲子園大会を意識することで目を輝かせた選手たち。無邪気に喜ぶ彼らの姿は、目標や希望を持つことが、私たちにとって、どれほど大きなチカラになっているのかということを、あらためて気づかせてくれた気がしました。

しかし、ルールの理解度も野球技術のレベルも、まだまだ、未熟であることに変わりありません。彼らが大会に出たいと言ったのは、無知による怖いもの知らずであったことは間違いないでしょう。それでも、彼らは自分たちの意志で、一歩、前に踏み出そうとしました。

「まだ無理だ」と、私も頭ではわかっています。しかしそれでも、私は彼らの熱い思いに応えない指導者にはなりたくない。今回は、自分の頭ではなく心に従おう……そう考えて、大会出場を決意したのです。

挫折

タンザニア甲子園大会へ出場するにあたり、まず私たちに必要なのはルールの理解でした。ルールを知らないと勝負どころではないし、対戦相手にも失礼になります。まず、誰でも平等に打席がまわってくる、バッターのことから勉強を始めました。

「いいか、キャッチャーの後ろにいる審判が『ストライク』と言ったときは、『バッター、いまのは打てるボールだから打ってくれよ』と言っているんだ。それを3回言われたら、バッターは走ってベンチに戻ってこい、もう打てないんだ。これを『三振』という」

次は、木の枝4本でストライクゾーンをつくって見せて続けます。

「この枠より大きく外れて、バッターが打てない球には、審判が『ボール』と言う。それが4回目になると四球、バッターは一塁へ進むことができるんだ。そのときはダッシュだぞ」

万事がこんな具合です。私のスワヒリ語はもちろんですが、洋平・じゅん両コーチのスワヒリ語を持ってしても、細かな説明が難しい場合があります。

実際の試合を観たことのない彼らに説明するうえで、もっとも工夫したのは、視覚的に示す、ということ。ホワイトボードにテープを切り貼りして野球場を作って、どう動くのかを客観的に見せたり、実際にひとつのプレーをコマ切れにして再現して見せたりしました。

こんなことを毎回繰り返しているうちに、いつのまにか、大会まであと1か月というところまで迫ってしまいました。

正直、私は焦っていました。なかなか、ルールの理解が進まないのに加えて、ここにきて、サイーディが肩の痛みを訴えたのです。身体が大きくない彼には、たしかに硬式球の負担は大きいかもしれません。それは、まだ異変を訴えてこないほかの選手たちも同様です。

しかし、軟式野球をやっていては、ここでは大会がありません。幸い、洋平が理学療法士なので、肩や肘に、なるべく負担をかけない動きを考えてもらい、それを、チームみんなでやるようにしました。

ルールについては、ランナーが出た後の動きがとても難しいようでした。これは、守備側においても攻撃側においても、理解しておかなければなりません。

とくに、まったく理解が深まらなかったのは、「ボールを持った野手がベースを踏むとランナーがアウトになるフォースプレー」と「野手が持っているボールをランナーにタッチしなければランナーがアウトにならないタグ（タッチ）プレー」の違い。これは、もしかしたら、これほど野球が普及している日本でも、あまり野球に詳しくない方には、まったくわからないルールかもしれません。

タグが必要なプレーなのに、ベースを踏んで次のプレーを始めたり、ベースを踏んだらアウトなのに、ランナーを追いかけたりします。一度それが始まると、ほとんど鬼ごっこと一緒なので、はっきり言って野球になりません。

右手にボールを持ったまま、左手のグローブでタグして「よし、アウトだ！」と言ったファハディはまだかわいいもの。ひどいときは、ライトの定位置まで逃げるランナーのオマリを追いかけながら、ボールが身体に触れればアウトになると勘違いしたサルームが、オマリの背中に後ろから思い切りボールをぶつけたこともありました。日本では考えられないプレーだし、ボールを当てられたら怒りそうなものですが、当てられたオマリも「スポーツのプレー中のことなので」とスポーツマンシップな顔で我慢していま す。いやいや、だから、我慢するとか、スポーツマンシップとか、そういう問題じゃなくて……とツッコミたくなります。

この時期になっても、試合はまだまだ難しいだろう、というレベルのまま。それに加えて練習日が週に2日しかなく、大会までに練習できるのは、わずか数回のみ。最初からわかっていたことですが、やはり厳しい。厳しすぎる。

「このまま、大会に出て本当に大丈夫なのだろうか?」

そんな不安を感じながら練習を続けていると、だんだんと心が折れてきます。いや、正直に言えば、ほぼ折れていました。ここにきて、はじめて、〝挫折〟をヒシヒシと感じていたのです。

等身大の自分にできること

私たちザンジバルの協力隊員は、月に数回、カクメイジの家で食事をごちそうしてもらえます。由美子さんが、おいしい料理をたくさん作ってくれるのです。ふだんは、ワリニャマやウガリなどのローカルフードしか食べない私たちにとって、栄養バランス抜群のおいしい日本食を、たらふく食べることのできる楽しみな日になっています。

その食事会の席で、カクメイジと野球の話になりました。

「上原君、野球の調子はどうだ?」

「選手と話し合って、タンザニア甲子園大会に出場することにしました。練習は一生懸命していますが、なかなかうまくいきません。試合になるか心配です」

「そりゃそうだろう、キミたちはまだ練習を始めたばかりじゃないか。まだ時期尚早だな、大会には出ないほうがいいぞ」

そんなこと、私が一番わかっています。カクメイジのストレートな言葉に少しイラッとしました。しかも、まったくそのとおりなので、余計に腹が立ちます。しかし、カクメイジが続けた言葉はさらに重いものでした。

「キミたちがこの大会に出ると、タンガニーカ対ザンジバルという図式になる。昔からそうだが、タンガニーカが勝つと、新聞やニュースはおもしろがって大きく報道するが、ザンジバルが勝っても、よい報道はされないぞ。この試合に勝てるか? もしくは、大敗してマスメディアにひどくたたかれたとき、子どもたちはそれに耐えられるか？　キミたちは、まだやり始めたばかりではあるが、ザンジバルの代表チームだ。これから育つ芽を摘むことにもなりかねない」

その話を聞いて、ふと故郷のことを思い出しました。ザンジバルとタンガニーカの関係性が、かつての沖縄と日本のように感じられたのです。

いまでこそ、観光地として人気のある沖縄ですが、昔は沖縄出身というだけで差別されていた時代があったと聞きます。当時を生きたウチナーンチュの先人たちは、どのような心境で海を渡ったのか？　なにに希望を持って上京したのか？　怖くなかったのか？　それでも、誰かがその一歩目を踏み出したからこそ、いまの沖縄があるのではないのか……と、いろいろなことを考えました。

それと同時に、悔しさも込み上げてきました。「勝てるか？」と聞かれて、「まず勝てない」と考えている自分がいたからです。ザンジバル住民は、この島に誇りを持ち、タンザニア連合共和国となったいまでも、「私たちはザンジバリだ」と胸を張っています。その代表チームが負けるということは、ザンジバルが負けるということ。政治力でタンガニーカに劣っている面が大きいのであれば、せめて、スポーツでは負けたくない。沖縄で生まれ育った私は、カクメイジが代弁したザンジバリの気持ちが、痛いほどに理解できました。

どうすべきか考えながら練習を続けていましたが、やはり厳しいことは私が一番感じています。大会まであと2週間に迫った日、私は大会出場の断念を決意しました。しかし、このチャンスは絶対に活かすべきという考え方は変わりません。

そこで、まったく参加しないという選択ではなく、大会で敗退したチームと非公式に試合をさせてほしいという、オブザーバー参加を希望したのです。本戦トーナメントに参戦しないこのかたちなら、結果を気にすることなくルールの勉強に集中できるし、試合も経験できます。

冷静になって考えてみると、これほどよい参加方法は、ほかにはなさそうに思えてきました。

一度は本戦出場を目指したものの、それを直前で諦めたのは、ある意味では大きな挫折だったでしょう。しかし、自分たちの置かれた状況をしっかりと見つめ直し、そこからより有意義な一歩を踏み出すために、現在のチームにとってベストな方法を選択したのです。

そのことをカクメイジに報告すると、

「うん、それはいい考えだ。無理して背伸びすることもないし、必要以上に小さく見せることもない。等身大のキミたちに、いま、できることをやればいいんだ」

その言葉が、私の心にすんなりと入ってきました。そして、あの日の「耳の痛い忠告」は、本当は自分もそれをわかっていたからこそイラッとしたのだと認めました。

それと同時に、耳の痛い忠告をあえてきちんと伝えてくれる人がいるのなら、勇気を持って、素直にその言葉を受け入れてみることも大切だと思いました。今回のように、自分の念頭にはなかった、よりよい発想や方法にたどり着く可能性があるからです。

はじめての試合は国立競技場で

非公式での大会参加になったとはいえ、より有意義なものにするためには、参加の前に試合のかたちだけでも経験しておきたいと思っていました。しかし、ザンジバルでかろうじて試合ができそうなチームは、ザンジバル代表チームである私たちだけで、練習試合をしてくれる相手がいません。

ドレでも練習は続けていましたが、活動を始めた当初からメンバーが定まらず、トライフォン以外は当日の気分で入れ替わりする子たちなので、試合となるとまったく無理なのです。もともとは、ドレで活動していたサッカーチームの子たちが野球にも来ているとのことだったので、これは仕方ありません。そういうわけで、練習試合の相手をしてくれるチームがありませんでした。

そこで私たちは、ザンジバル在住の外国人に、試合相手を頼んでみることにしました。じゅん・洋平と手分けして、街で外国人を見かけては声がけを繰り返したのです。

もともと大きな期待もしていませんでしたが、やはり、なかなか見つかりません。こうなったら、観光客にもあたってみようと、中心街のストーンタウンまで範囲を広げました。

ここザンジバルは、実は英国のロックバンド、クイーンのフレディ・マーキュリーの出身地。マーキュリーハウスと呼ばれる、彼の生家が観光名所になっています。その前で、記念写真を撮っている観光客に声をかけ続けました。その結果、カナダから旅行で来ていたジャックさんが手伝うと言ってくれ、たったひとりですが、野球を知っている人が増えたのです。せっかくだから試合形式をやってみようと、大会出発の1週間前になってどうにか試合形式を体験できることになりました。

ドレのトライフォンにも連絡し、試合形式で野球をやってみるから来ないかと誘うと、クェレクェの選手たちも彼を歓迎してくれました。

「ザンジバル初となる野球の試合は、いい会場でやろう」と、ハッサン書記長が国立競技場のサブグラウンドを用意してくれました。

会場になった国立アマーニスタジアムのサブグラウンド。当日の朝、友成さんが提供してくれたユニフォームをはじめて目にした選手たちは、興奮しながら着方を学びました。

バックネットはなく、石灰も準備できませんでしたので、オスマン先生がどこからか持ってきた、白い海の砂で薄くラインを手で引いて、プレイボールです。

ザンジバル代表チーム対控え選手にコーチ陣を加えたチームの対決。どちらも技術的に未熟なので、アウトを取ることが難しく、特別に規定した3イニングの試合でも、90

分もかかる長い試合になりました。

しかし、捕って投げて、打って走る、それはまさしく野球そのもの。お互い、打ったボールがぜんぜん戻って来ないので、得点はすべてホームランによるものでしたが、選手たちはルールの大筋をだいぶ理解してくれているようでした。

これなら、来週末の大会では、その理解がより深まることに期待できそうです。この試合を手伝ってくれたジャックさんも「一緒に記念写真を撮らせてくれ」と言って楽しんでくれました。


翌朝、早い時間に鳴った電話はオスマン先生から。

「タクゥ、今日のザンジバル・レオを見たか！」と興奮気味です。

ザンジバル・レオというのは、新聞のこと。聞けば、ザンジバルではじめて野球の試合が行われた昨日の様子が、なんと朝刊の一面を飾っているとのこと。電話の向こうで、興奮しっぱなしのアブドゥリの声も聞こえます。あの様子だと、ほかの選手たちのモチベーションもさらに上がったはず。私も、すぐに新聞を買いに出かけたのでした。

第4章 立ちはだかる壁

「予算が降りない」

出発まであと5日。しかし、実はまだ旅費のことで問題を抱えていました。ハッサン書記長と顔を合わせるたびに、まだかまだかと旅費について催促していたのですが、「スビリキドゴ（ちょっと待ってて）」と言うだけで、まったく出てくる様子がありません。

とうとう出発の2日前になって、ハッサン書記長からこんな電話が……。

「スポーツ省から予算が降りてこない。来月にならないとお金が入らない」

フェリーに乗らなければ、ダルエスサラームへ行けない私たちにとって、それは最悪

はじめての試合前

の事態です。野球に理解のないこのザンジバルで、69万シリングもの金を1日で作れるはずがありません。これまでのハッサン書記長の尽力を考えると、彼が悪いわけではないことは十分に理解していました。むしろ、感謝しかありません。

しかし、私はこの感情をどこにぶつけていいかわからないまま、自転車のペダルを全力で漕いでスポーツカウンシルへ向かいました。自転車を投げ捨てるようにして中へ入ると、自分のオフィスにいたハッサン書記長に詰め寄ってしまいました。

「あなたはチームの旅費を出すと言ったじゃないか！　子どもたちは、この大会を目標に練習を続けてきたんだぞ！」

私の下手なスワヒリ語のことなので、具体的になにを言っているかは伝わらなかったかもしれません。しかし、私たちが彼の言葉を信じて待っていたことと、それが裏切られてしまった憤りだけは伝わったはずです。いくら怒鳴り散らしたところで、お金が出てくるはずもなく、政府の役人を相手にした約束でも信頼できないこのザンジバルという島に、心底がっかりしました。

私はその足で、オスマン先生に報告に行きました。興奮気味に事態を報告する私。それを聞くオスマン先生。その冷静な様子から、「こんなことは、よくあるのだ」ということが感じられます。ここは公式な約束が実行されることが〝ふつう〟である日本ではない……。

そんな、当たり前のことが、あらためて胸に刺さります。住民が当たり前のように政府を信用していないことがまた、なんとも寂しく感じられました。

直前に非公式参加になったとはいえ、この大会にかける大きな思いを胸に、選手たちは練習を頑張ってきました。こんなことでチャンスを潰してしまうことが本当に悔しい。これは、ザンジバル野球の未来のためにもよくないのではないか？　事態を知って落ち込む選手たちを見れば見るほど、私はこの遠征をどうしても諦められず、なにか手はないか考えました。

そのときです。「来月にならないとお金が入らない」というハッサン書記長の言葉を思い出しました。そして、ひとつのアイデアが。

「俺が旅費を立て替えればいいんじゃないか！」

ザンジバル野球の自立のために、私個人のお金を使うことはしないと決めていたのですが、立て替えなら問題ないのではないか？　それに金額は、日本円にして5万円程度、これくらいはすぐに用意できます。

先日、あの耳の痛い忠告をもらって以来、なにかに迷ったとき、私は、カクメイジに相談するようになっていました。最後の決断は自分でするにしても、カクメイジは、私とは違う視点で率直な意見をくれるからです。

私は、さっそくカクメイジに電話しました。

未来を切り拓いた15万シリング

「それはよくない」

私のアイデアを聞いたカクメイジはすぐにそう言いました。やはり、私とは違うことを考えたようです。

「なぜ、ダメなんですか?」と理由を聞いてみると……。

「上原君が全額を立て替えるのはよくない。立て替えるなら、子どもたちも含めてみんなでやることが大切だ。俺も出そう」

なるほど……。たしかに、私たちが目指すのは、この大会に参加することではなく、このザンジバルに野球を根づかせることです。ひょっこり現れた日本人とやり始めた野球ですが、ここで、このスポーツが発展していくためには、諸問題を彼らの問題として、ザンジバリの力で解決していく必要があります。目先のことにとらわれていた私は、カクメイジのおかげで長く大きな視野で考えることを思い出しました。

私は再度、選手たちを集めました。そして、旅費をみんなで立て替えるというアイデアについて、包み隠さず相談しました。

「ハッサンのあの調子だと、もしかしたら来月になっても予算は降りないかもしれない。降りたとしても、ハッサンからお金が戻ってくるかどうかも保障できない……。それでも大会へ行きたいか？　行くとしたら、自分たちでお金をかき集めるしかない。みんなにその覚悟があるか？」

私からの問いに、選手たちはみんな一斉に言いました。

「ンディーヨ！（もちろん！）」

総額でいくら集まるかはまったく想像もできません。しかし、彼らの、その熱い気持ちを頼もしく感じました。そして、その覚悟が本当に嬉しかったのです。

選手たちの意志が確認できた私は、すぐにオスマン先生と共にスポーツカウンシルを再訪問。「旅費をチームで立て替えたい。来月の予算が降りたら、スポーツカウンシルから返金してもらえないか？」と、こちらの希望を伝えました。

「これまでチームの努力を見てきているからね。それでいこう」ハッサン書記長がそう応えてくれて、スポーツカウンシルに借金を負わせるかたちで合意したのです。

「やった！　これで、俺たちはフェリーに乗ることができる！」

野球を始めて二十数年、大会会場に行けるというだけのことを、こんなにも嬉しく感じた経験はありませんでした。日本では、〝当たり前〟にしか思っていなかったことが、実は本当に〝ありがたい〟ことだったのだと、心の底から知りました。わずか数時間前に怒鳴り散らしたハッサン書記長を目の前にして、私は涙をこらえるのに必死でした。

個人差はあったものの、みんながそれぞれの精いっぱいでかき集めてきたお金は、15万シリングにもなりました。ここでは、ウガリニャマやワリニャマを1000シリングで食べられるので、これは実に150食分もの金額になります。オスマン先生も、少しのお金を持参してくれています。残りはコーチ陣3人とカクメイジで負担しました。

お金が揃ったのは、出発前日のこと。ようやく手に入れたフェリーのチケットです。

これは最悪な状況にも下を向かず、みんなの力を合わせたからこそだと思います。意志あれば道あり。みんなの意志の結集であるこの15万シリングが、ザンジバル野球の未来を切り拓いたのです。

タンザニアにもあった甲子園

２０１４年2月に開催された、記念すべき第1回タンザニア甲子園大会には、アザニア、キバシラ、サンヤジュウ、ロンドーニの４チームが出場したそうです。タンザニア野球連盟のムチンビ書記長と友成さんを運営の軸にして、各地の協力隊員が、それぞれの任地で結成したチームを率いて集まったのです。その第2回大会に参加するため、私たちも海を渡りました。話によると、バスで14時間も揺られて、ついさっき到着したチームもあるらしく、フェリーで2時間の私たちの移動が、なんてことはないように思えました。

大会運営のために、さらに遠くから来た方々もいます。小山克仁《こやまかつひと》さん、座間邦夫《ざまくにお》さん、須川幸太《すがわこうた》さん、鈴木有紀子《すずきあきこ》さん、近藤玄隆《こんどうはるたか》さんの5人が、お気持ちひとつで、わざわざ日本から大会運営を手伝いに来てくれているのです。

国際審判員として国際試合でジャッジされている小山さんと座間さんが審判に立ってくれたり、当時、タンザニア唯一の審判員だったイノセントに審判講習をしてくれたりします。日本の甲子園経験者の須川さんは、審判に加えて、グローブの直し方講座も開いてくれました。鈴木さんは、高校野球のマネージャーをしていたこともあり、大会の公式スコアラーを買って出てくれました。近藤さんは映像カメラマンとして、大会の様子を記録に残してくれるのです。今大会のために、日本から渡航された皆さんの想いが、なによりも手厚いサポートだと感じました。

大会会場になったのは、アザニアセカンダリースクールのグラウンド。フェンスも防球ネットもない赤土のグラウンドに、真っ白なラインが映えます。ラインカーがなく、ペットボトルに入れた石灰を少しずつ落としながら手で引いたラインなので、少し歪んでいます。それがまたいいのです。バックネットは、サッカーゴールに網をかけただけ。もう、感動で言葉になりません。日本から遠く離れたタンザニアにも、たしかに甲子園があったのです。

私たちがそうだったように、それぞれのチームが多くの問題を乗り越えて、今日、ここに集ったことは簡単に想像できました。本大会の開催を実現させたすべての方々へ敬意を表すと共に、この場に立ち会えたことに、心から感謝して開会式を迎えました。

気絶と号泣の開会式

我がチームは、15人中10人が、今回、生まれてはじめて島から出たという田舎者たち。緊張感が限界に達したのか、デコが開会式の途中で気を失って倒れました。駆け寄ると、真っ青な顔をしています。デコを木陰で休ませていると、いつのまにか、開会式が終わってしまいました。

開会式に出ていた選手たちがなかなか戻って来ないので、声をかけようと近寄ってみると、ナスラが「ザンジバルに帰りたい」と号泣しています。大会の雰囲気に飲まれたのか、あるいはホームシックでしょうか。その光景に、ほかの選手たちも動揺しているようです。

オブザーバー参加の私たちの試合は2日目なので、初日は、ゆっくりとルールを学べるはずだったのですが、みんな心理的な不安に襲われているのです。これはまず、この雰囲気に慣れなければなりません。そこで、ルールの確認も兼ねて1試合目を観戦することにしました。

「アウトが3つ目、ほら、これで攻撃と守備が交替するぞ」「フライが上がった、だからランナーは走れないよ」などと、プレーを解説しながら観ていると、選手たちに少しずつ笑顔も見られるようになってきました。よかった。だいぶ慣れてきたようです。少し安心しました。

次の試合も、同じように観戦していると、観ているだけだと飽きてきたのか、アブバカルとスレッシュが「タクゥ、練習しよう!」と言ってきました。ほかのみんなはどうかな? と反応を見てみると、「ンディーヨ!」と、みんな目を大きく見開いてうなずきます。私も彼らのテンションに従い、「よーし、じゃ行こうか!」と応えました。

彼らは、試合前日の興奮を抑えることなく、走り、投げ、打ち、思い切り叫びました。

ひとしきり汗を流したあと、試合前後のあいさつを練習しておこうと、初日の全日程が終了したメイングラウンドに行ってみました。あいさつの練習だけで彼らの興奮が冷めるはずもなく、「ショートはここだ！」「おれはライト！」それぞれが練習してきたポジションへ走り出す選手たち。その光景に、コーチ陣みんなで手をたたいて大笑いしたのです。

「みんなで野球を楽しもう！」

大会2日目の第1試合、いよいよ私たちの試合が始まります。前日の1回戦で惜しくも敗退してしまったムワンザチームと、非公式の試合です。ウォームアップをしている選手たちは、とても緊張しているようでした。「昨日の勢いはどこにいった？」と思うほどの変わりようが、妙におかしく思えましたが、彼らにとって人生初の試合です。緊張するのも無理のないことでしょう。試合直前、簡単にルールを確認した私は最後にこう声をかけました。

「みんなで野球を楽しもう！」

私自身、ふだんどおりを装っていましたが、「本当に試合になるのだろうか？」という不安はとても大きいものでした。しかし、いざ試合が始まってみると……。

ピッチャーはちゃんとストライクを投げる、守備はボールを捕って一塁へ送球する、バッターは思い切り打つ、ランナーは精いっぱい走る。もう、まさしく野球そのもの。なんだ、なんだ、お前たちやるじゃないか！

それは、私の想像以上どころの話でありませんでした。試合が成り立つどころか、選手たちは、点を取られたら取り返す、見ていてもおもしろいシーソーゲームを展開しているのです。フライひとつにしても、ゴロひとつにしても、選手たちは、アウトを取るたびに両手を上げて大喜びしました。それを見ていた観客も、そのプレー一つひとつに、大きな歓声をあげます。それは、ベンチで見ているコーチ3人も同様でした。

ピッチャーは先発のラシッドからカリムへ代えましたが、緊張からか、腕が縮こまって、うまく投球できません。すぐに3番手のサルームへ交代しました。ファハディのヒットでホームインしたのは、ドレから1人だけ代表に選出したトライフォンです。サイーディに代打して、昨日の開会式では泣きじゃくっていたナスラもバッターボックスに立つことができました。

逆転負けの大ピンチ

試合は8対5。なんと、我がチームが3点リードで最終回に入りました。しかし相手チームの粘りも素晴らしい。早くも1点を奪われ、2点差に詰め寄られます。

レフトから「カモーンメーン」とスレッシュの大きな声が聞こえてきますが、4番手としてマウンドに上っていたオマリは苦しそうな表情。2アウト満塁になり、ストライクが入らず四球で歩かせて押し出し。これでとうとうわずか1点差に。次のバッターも四球だと、また押し出しで同点。もし、ヒットを打たれたら逆転サヨナラ負けかもしれない、という絶体絶命のピンチです。しかし、交代できるピッチャーはもういません。そもそも、オマリだってピッチャーの練習さえしていなかったのですから、ここまで投げてくれたこと自体が上出来なのです。

マンガの世界では、こんなときに頼れるのは、ふだんなにを考えているかわからないヤツ。ひょいと出てきて、チームのピンチを救ってくれます。ここはキャット・アリの出番なのでは？

私は審判にタイムを要求し、マウンドへ向かいました。そして、センターを守っているアリに両手を振って、「おーい、こっちへ来てくれ」と呼びかけました。

センターから、ゆっくりマウンドへ向かって歩いてくるアリ。しかし、なかなか私を見ません。私は大きな声で、「アリ！　ピッチャーをしてくれないか？」と言いました。すると、一瞬たりとも迷うことなくアリは言いました。

「ムリ！」

手を振って切り返し、そのままセンターへ戻っていくアリ。これには、観客もみんなが吹き出して大笑いです。私はマウンドの横で気を失いそうでした。

しかし、そのやりとりをマウンドで見ていたオマリに笑顔が戻りました。満塁のピンチに緊張し、ストライクが入らなくなっていたのに、イイ感じにリラックスできたようです。ほら、やっぱり、こんなときはキャットが救ってくれるのです。

もう、こうなったら、私はすべてをオマリに任せて、ベンチで黙って見守るしかありません。次の一球、この局面でオマリが投げたボールは、なかなかいいボールでした。ムワンザのバッターも、それを見逃さずに思い切ってバットを振ります。

カキンッ！　打たれた！　いや、当たりそこねのフライです。打球は高々と上がりましたが、外野まで飛ぶ勢いはありません。ショートを守っているアブドゥリに目をやると、練習どおりに、両手を広げて、「オーライ」と言っています。

ここでもし、アブドゥリがフライを落としたら、一斉にスタートしたランナーが2人ホームインしてサヨナラ負けです。フライがグローブに入るまでのあいだ、私はとても長く感じました。この一球のために、フライのノックを打ち続けたのです。

「捕れ、捕ってくれ、アブドゥリ！」

アブドゥリは、フライを無事にキャッチしてくれました。3アウト、これでゲームセット。「勝った！　本当に勝った！」

「試合になるのだろうか」と、そればかりを心配していたのに、彼らは見事に8対7で勝利してしまったのです。

選手たちは、まるでオリンピックで優勝したかのような歓喜で、ザンジバルに伝わる歌を歌い、伝統的な踊りを舞いました。サルームは、ベンチに全速力で走ってきて洋平を抱き上げています。

そんななか、この試合に負けたムワンザのメンバーが、ベンチにしょんぼりと座っている姿が目に入りました。ザンジバル内では、相手も審判もいなかったので、試合をしたくてもできませんでした。いまこそ、彼らにとって相手チームと審判に心から感謝できる絶好のチャンスです。私は有頂天になって踊り続ける彼らに声をかけ、落ち着かせました。

「試合に勝ったチームがあれば、同時に負けたチームもあるんだ。ムワンザの子たちを見てごらん」

するとと彼らはハッとした表情で、ムワンザベンチへ駆け寄り、こう声をかけたのです。

「アサンテ・サーナ！（どうもありがとう！）」

試合後のミーティングで、キャプテンのカリムがこんなことを言いました。

「今日は、相手チームと審判がいてくれたから、僕らは試合ができた」

その言葉が、私には初勝利よりも嬉しかったのです。

初試合で初勝利！　喜ぶ選手たち

第5章 「目標」に変わった「夢」と心の雨季

手が届きそうなとき、「夢」は「目標」に変わる

第2回タンザニア甲子園大会終了後、ケニアで開催されるU－18世界大会のアフリカ予選に出場するため、各チームの主となるメンバーを集めてタンザニア代表チームが結成されました。当然ですが、ザンジバル選手からの代表選出はありませんでした。

しかし、ありがたいことに、ダルエスサラームにある日本大使公邸で行われた代表選手の壮行会に、私もタンザニア代表チームのユニフォームを着て出席させていただきま

練習後の談笑

した。代表チームの監督を務める友成さんが、コーチ枠の一人として私も招待してくれたのです。もちろん私はケニアに同行できませんが、アフリカ大陸最高峰のキリマンジャロがデザインされた、一国の代表チームのユニフォームを着るときは、とても興奮したものです。

壮行会では、代表チームのアブダラキャプテンが「野球が僕らを変えてくれた」とスピーチ。その感謝の言葉に、同席したみんなが感動しました。

漠然とした夢が現実味を帯びたとき、それは目標に変わるといいます。サッカーでタンザニア代表になるのは遠い夢です。しかし、まだ競技人口の少ない野球なら、「タンザニアの代表選手を目指す」という夢も、具体的な目標としてとらえることができます。それが、選手たちのモチベーションになり、この国に野球の普及を進めるうえでも、大きな武器になる。それは、私たちのチームの選手たちにとっても、手の届く目標になると思いました。

しかし、大会を終えて島へ凱旋した私たちを、温かく迎えてくれる雰囲気はまったくありませんでした。非公式参加だったとはいえ、ザンジバル代表チームがはじめて野球大会に出場して勝利したのに、島ではなんの話題にもなっていなかったのです。出発前に新聞に載ったとはいえ、それだけのこと。

なんなら、ザンジバル代表チームの野球大会での歴史的な勝利より、週末にあったサッカーの練習試合の話題で盛り上がっているのです。そのことを気にしてくれたのか、カクメイジがハッサン書記長に進言して、スポーツカウンシル内の会議室で祝勝会を開いてくれました。今回、代表から漏れて留守番をしていた選手たちも同席していましたが、仲間たちの初勝利が刺激になり、彼らも含めてみんな、ザンジバル代表になることを「夢」ではなく「目標」ととらええているはずです。ちょっとしたお菓子とジュースが配られ、オスマン先生とカリムが、ハッサン書記長と教育局長へ結果報告をする……と、それだけの時間でしたが、会議室に座る選手のみんなは、ザンジバル代表の一員として誇らしい顔をしていました。

「日本のライバルチームをつくりに来ました」

大会運営を日本から手伝いに来てくれていた方々のうち、小山さんと座間さんは、大会終了後にザンジバルまで足を運んでくれました。せっかくなので、ザンジバル野球の現状を見てもらってなにかアドバイスをお願いしようと思い、ドレの練習へ案内しました。本当なら、代表チームの練習を見てほしかったのですが、大会から帰ってきた直後ということもあり、彼らはきちんと休ませたかったのです。

ドレへ向かう途中、小山さんと座間さんを、まさか満席のダラダラにしがみつかせるわけにはいかないと思い、いつも頼りにしているタクシーのラシッドに一日つき合ってもらいました。

余談ですが、このラシッドにかぎらず、どのタクシーも日本のようにメーターがついている車なんてありません。そのため、目的地を告げて、「そこまでいくらで行ける?」と聞いて、納得した金額を提示してきたら乗るのです。当然のように、料金をぼったくろうとするドライバーもいるので要注意。しかし、このラシッドは信頼度抜群のラフィキ(友だち)なので、なんの心配もありません。

さて。赤土のでこぼこ野道の手前でタクシーを降りて、グラウンドへ向かって歩いていると、座間さんが聞いてきました。

「タクちゃん、本当にこの先にグラウンドなんてあるのかい?」

　私も最初に来たときは半信半疑でしたので、そう思う気持ちはよくわかります。私が、「子どもたちもみんなこの道を歩いてくるんです」と伝えると、ふたりとも感心しきり。もしかしたら、日本の子どもたちが置かれている環境が非常に恵まれていることについて、あらためて考えることもあったかもしれません。

　ようやくグラウンドに着いた私たち。小山さんが、子どもたちの前で、「野球大国の日本から、ライバルチームをつくりに来ました」と自己紹介してくださったのが、とても印象に残っています。

　いつもどおりの練習を見てもらった後、おふたりに「なにかアドバイスはありませんか?」と聞いてみました。そこで教えていただいたのは、「真下投げ」という練習方法です。読んで字のごとく、ボールを前ではなく真下に投げるのだそうで、こうすることで、肩や肘に負担がかからないフォームを覚えられるのだとか。さっそく、代表チームの練習にも取り入れました。ボールを真下に投げるだけなので簡単なことですが、次第にみんなの投球フォームが定まっていき、その効果は抜群でした。それに加えて、グラウンドのような広い場所も必要ありません。そこで、それぞれが家でも練習できるよい方法がないかと考えてみました。そのときに思い出したのは、メンコです。メンコというのは、長方形や丸形の厚紙に絵などが描かれた玩具で、「地面に置かれた相手のメンコに向かって自分のメンコを投げつけ、その風圧で相手のメンコをひっくり返した人が勝ち」という日本の昔あそびです。さすがに、絵や模様までは描けませんでしたが、段ボールを切ってテープを巻いたお手製の赤いメンコをつくって、みんなに持たせたのでした。

下がってしまったモチベーション

大会のときはあんなにも歓喜に満ちていた選手たちでしたが、ザンジバルに戻ってきてからどこか覇気がなく、淡々と練習をこなしているだけでした。週に2、3回の練習を交互に休んだり、見学したりという選手も増えています。デコは、開会式で倒れたのがトラウマになったのか、ザンジバルへ帰ってきてからは一度も来ていません。

こんなこともありました。カッシムから「おじいちゃんが亡くなったから休む」と連絡がありました。「そうか、わかった」と私。2週間後、また「おじいちゃんが亡くなったから休む」と連絡がありました。「そうか、続けてたいへんだな」と私。ところがその2週間後、また「おじいちゃんが亡くなったから休む」と言ってきたのです。

1か月で、父方と母方の祖父が両方とも亡くなるのは精神的にとてもキツイだろうなと心配していたら、まさかの3人目のおじいちゃんの登場です。これはさすがにウソだと思い、「そんなに練習を休みたいのか?」という言葉がノド元まできたところで思いとどまりました。待てよ……。ここはムスリムの島なんだ。一夫多妻制であることを忘れていました。

イスラムでは、「全員を、すべてにおいて平等に面倒を見ることができるのなら」という条件はついていますが、4人までの妻帯が許されています。そうなっても、生活は別々とも聞いたことがありますが、もし、本当に家にママが2人いるなら、3人目のおじいちゃんがいてもおかしくないことになります。まあ、それでもカッシムの言葉が真実かどうかはわかりませんが、そんなことを変に勘ぐってしまうくらい、選手たちの練習に覇気がないのです。

選手たちのモチベーションダウン、その理由はあきらかでした。次の大会が来年にしか開催されないので、この1年という期間の長さに現実的な目標を見出せないでいるのです。

野球大国日本で育った私には、そんな経験はありません。少年野球から高校野球まで、大小含めて年に7〜8回の大会があったように記憶しています。それによって気持ちを切り替えるタイミングを得て、練習へのモチベーションは保たれたのです。あらためて、自分の育ってきた環境にありがたみを感じたものです。

そこで、選手たちのモチベーションアップのための、ひとつのアイデアが思い浮かびました。それは、ザンジバルで野球大会を開催するということです。「いまは、目標が遠くて苦しいけど頑張ろう」と激励するよりも、「試合しよーか?」と明るく提案したほうが彼らのモチベーションは上がるはず……。私はさっそく仕かけに入りました。選手たちに野球大会の開催を提案し、チームを2つに分けたのです。

効果はテキメンでした。「ザンジバルでも試合ができる!」そう思うだけで、選手たちの練習に取り組む姿勢にあきらかな変化が見えたのです。

野球を通してなにを伝えるのか

練習を始めて約5か月、基礎基本が定着してきて、それなりに野球らしくなってきました。しかし、それに伴って困ったこともいくつかあります。

そのひとつは、年末のタンザニア甲子園大会で、ダルエスサラームの選手たちが見せた細かなプレーを、うちの選手たちが安易に真似するようになったことです。ダルエスサラームのチームは3年も前から野球を始めていて、技術力も高いので、そんなチームを見て学んだことを実践すること自体は、とても素晴らしいことなのですが……。ほめてあげたい気持ちと、「おいおいちょっと待てよ、まだ早いよ」という気持ちと半々なのが正直なところ。


たとえば牽制《けんせい》球。牽制球というのは、ランナーをアウトにするためや、盗塁をしにくくするためにピッチャーがランナーのいるベースへボールを投げることです。私は大会前まで、「ピッチャーはストライクを投げて、バッターとの勝負を楽しむんだ」と教えていました。

ところが、大会で牽制球の存在を知ったラシッドは、それ以降、好んで牽制をするようになりました。しかし、意図を理解せずにかたちを真似するだけで多用するので、ランナーに対する効果はありません。いや、効果どころか、むしろ、悪送球をして、ランナーを無駄に進塁させたり、守備陣のリズムを崩したりしているので困ったもの。しかも、見様見真似なので、全部ボークなのです。

ボークというのはピッチャーの反則行為のこと。ピッチャーの不正な動作によってバッターやランナーに不利（だまそうとした）があったときに、審判は「ボーク」と宣告します。これが適用されると、ランナーは安全に進塁することを許され、守備側にとっていいことはありません。私としては、現段階では、ボークについて教えるよりも、試合の大まかな流れを定着させたいと考えているので、牽制禁止令を出したい気分。しかし、ルール上、正しい牽制であればそれ自体は問題がないので、禁止するわけにもいかず、ただ、「バッターとの勝負を楽しもうよ」とだけ言い続けていました。

さらに盗塁も、彼らがダルエスサラームで見て学んだ……いや、知ってしまったプレーのひとつです。大会後は、出たランナーは必ずと言っていいほど盗塁するようになりました。

それをアウトにできるキャッチャーがいないので、はっきり言って走りたい放題なのも、私としては痛いところ。次の塁に行けるのに、走るなとは言えません。しかも、とにかくなにも考えずにただ走るだけなので、ホームスチール（バッターが構えているホームベースへの盗塁）まで簡単に実行してしまいます。そうなるとバッターは思い切り振るのを躊躇《ちゅうちょ》してしまい、「どんどん打とう」という私の指導が活きません。

そして、なによりも大切なこと。場面や状況も関係なく走ってしまうので、そのうち、力がついてきたときには、大量点差で勝っている試合でも盗塁をしてしまう可能性があるということです。

日本ではあまりいわれることがありませんが、大量点差で勝っているときの盗塁は、国際的な試合では、相手チームへのリスペクトに欠ける行為となる場合があるので注意が必要です。もちろん、ルール違反ではありませんが、メジャーリーガーが、そのような試合で盗塁を決めてしまい、観客からブーイングをされているのを見たこともあります。

私は、相手への敬意を示す最低限の「アンリトゥンルール」こそ大切にしたいと思っています。このアンリトゥンルールというのは、ルールブックには載っていないけど、相手へのリスペクトを示すマナーとして守ろうよ、という暗黙の了解のこと。ここにきて、野球を通して彼らになにを伝えるかということも、あらためて考えるようになりました。

雨季

ザンジバルには春夏秋冬の四季がありません。乾季と雨季の二季で一年が成り立っていて、雨季にはすごい量の雨が短期集中的に降ります。その勢いたるや、本当に半端なしです。

少し前までは、雨が降り出すと、アパートの1階に住んでいるママと私の〝雨水パイプ先取り対決〟が繰り広げられました。生活用水を確保するため、屋上から流れ落ちてくる雨水をバケツに溜めることのできるポイントを奪い合うのです。

そのうち、私が勝っても、私が置いたバケツをどかしてママのバケツを置いてしまうようになったので、ママのお家の水がいっぱいに溜まった頃を見計らってバケツを置くようになりました。

生活のためには、雨は必要なものではありますが、雨量によっては、家屋や樹木の倒壊で死者が出ることもあるので、そんな雨季は、正直、野球どころではありません。

体育館などの室内練習場はいっさいなく、車などの移動手段も持たない私たちにとって、「雨の日は練習が休み」というのはごく自然なことでした。

3月、ザンジバルが雨季に入ると、ただでさえ少ない練習日を雨のために休むことも多くなります。それでも雨の降らない日は、短い時間でも練習を続けました。雨が降っているときは休み、というのはみんなの共通意識ですが、降りそうなときにどうするかが問題でした。

みんな、携帯電話は持っていますが、現金の有無によって日々チャージして使うプリペイド式なので、チャージできずに通話を止められていたり、島全体の停電でそもそも電波がなかったりして、連絡網で伝言をまわすことが難しい日もあるのです。そこで、雨が降りそうな日に練習するかどうかは、キャプテンのカリムとだけ電話で相談して決めるようになっていました。

その日は、朝から黒い雲が多い感じはしていたので、私は、「今日はやめとこうか?」と提案しましたが、カリムがバッティング練習をしたいと言うので、グラウンドへ向かいました。

ところが開始時間を30分過ぎても、グラウンドにやって来たのはサルームだけ。言い出しっぺのカリムまで来ないのです。仕方ないので、サルームとマンツーマンでキャッチボールと、個人ノックをしました。実は、こういうことは、そのときがはじめてではありませんでした。練習好きのサルームとのふたりの練習はこれまでも何回かやっていて、彼の個人練習にとっては、とてもいい時間になっていました。

「礼拝」と「断食」

ムスリムが守るべきとされる5つのルールのうち、「礼拝」と「断食」の2つは、ムスリムではない私でも身近に感じることができました。

礼拝は日に5回あって、その時間を知らせるアザーンと呼ばれる放送が大音量で町に響き渡ると、みんなモスクへ集まります。モスクは島の至る所にあり、どこのモスクに行ってもいいそうです。中に入って、みんなが祈りを捧《ささ》げている方向を見ると、1か所だけスペースの空いた空間があります。神を肖像画や偶像にしてはいけないらしく、そのなにもない空間に向かって祈りを捧げるのです。どこのモスクに行っても、その空間はメッカの方角を向いた壁にあり、世界中どこからでもメッカへ向かってお祈りができるように設計されているのだといいます。

私も一度、モスクへ礼拝に連れて行ってもらいましたが、ボロボロに古びたシャツを着たおじさんと高級生地の伝統服を着たお金持ちのおじさんが隣同士で共に祈りを捧げていました。その光景を見た私は、〝神の前で人はみな平等〟というイスラムの考え方をそのまま見た気がしたのです。

朝イチのアザーンは、朝陽が昇る前に流れるので、ここに暮らし始めた頃はそれで目が覚めていましたが、しばらくするとすっかり耳が慣れて、目が覚めなくなりました。

この年は、雨季が明けた6月にラマダンが始まりました。ラマダンというのはイスラム教の「断食月」のこと。年に1度、1か月間程度行われます。その期間はイスラム歴で決まるため、毎年同じ期間にはならないとのこと。

このラマダン、具体的には、日の出から日の入りまで、太陽が見えているあいだは一切の飲食をしません。ものを食べられないのは、日常生活を送るうえでもキツイこと。ましてや、練習で体力を消耗するスポーツ選手にとってはとても苦しい状況といっていいでしょう。

食べるたけでなく、水分補給さえもしないので、ことはいよいよ深刻です。

私は、選手たちの健康を考えた末、ラマダン期間中の練習休止を提案しました。しかし、選手たちは「ハムナシーダ！（問題ないよ！）」と言って聞きません。

それなら、ラマダン中は1時間だけ練習しようという結論に至りました。このような厳しい状況のなかで練習を続けると決めた選手たちと、空腹感を共感しながらグラウンドに立ちたいと思った私は、自分自身もラマダンをしてみることに決めました。

ラマダン球児への懺悔《ざんげ》

ムスリムでない私がラマダンをやろうと決めた理由は、ほかにもいくつかありました。そもそも、最初に、「断食」と聞いた私は、「これはムスリムの修行なのだ」と思いました。しかし、それは大きな勘違いでした。

ラマダンは、「裕福な人も貧乏な人も、ラマダン中はみんなで空腹と喉の渇きを共有して、飢えや貧困と向き合う人たちの気持ちを忘れないようにしよう」という想いで行われているそうなのです。まず、宗教に関係なく、この考え方に共感しました。

また、由美子さんからはこんな話も聞きました。

「ラマダン中は、貧しい人へ金品を寄付する『喜捨《きしゃ》』も奨励されるので、タンザニア本土から物乞いの人たちがザンジバルへ大移動してくる時期だったけれど、これはだいぶ規制されて、昔のような大移動は見られなくなった」

　日本にもいくつか宗教がありますが、国民全体が特定の宗教を信仰することはありません。神道と仏教をベースにしているのにキリスト教のクリスマスも楽しむような、特定の宗教にはあまり関心のない人が多いはずです。そのためか、宗教に関する理解が浅く、「イスラム教徒」というと、テロなどのニュースを見て、あたかもイスラム教全体が怖いものであるようなイメージを持っている人もいると思います。

　しかし、ニュースで流れるのは、ごく一部の過激派の姿でしかありません。本来のイスラム教は、「貧困に苦しむ人たちにごはんを食べさせてあげたり、衣服を与えてあげたりしなさい」という、コーランの訓えを日々実践している、思いやりに溢《あふ》れる心優しい宗教なのです。

　私がラマダンをやってみようと思った理由は、ほかにも、「ザンジバル全体のラマダンモードによって、食べたくても食べられない現実を素直に受け入れた」ということも、もちろんあります。そしてなにより、「今年やらないと一生やらないだろう」と思ったのです。

　ラマダン初日、久しぶりに朝イチのアザーンを聞きながら市場へ行きました。陽が昇る前に腹ごしらえをするためか、いつも以上に人出が多い気がします。市場で朝ごはんを食べる日は、だいたい牛足スープとチャパティなのですが、今日ばかりは、私も朝からお米と牛肉スープのワリニャマでお腹をいっぱいにして、準備完了です。

これまで野球の話ばかりしてきましたが、ここでの私の本業は大学の先生です。この日は、午前中、体育コースの学生たちとテニスの授業。体育教師を育成する国立大学といっても、十分な体育施設はありません。食堂前のセメント通路に石でラインを引き、ラマダンで閉店中の食堂から借りてきた薪の束に支柱を立て、バレーボール用のネットを低く張ったテニスコート。

この授業には、あのタクシーのラシッドも来ています。実は、彼がタクシーの運転手をしているのは、大学に通う学費を稼ぐためなのです。この日の教師役はラシッドが志願してくれました。授業を受けている学生のなかから教師役と生徒役を決め、体育の授業を実践するのです。

生徒役の学生たちの出席をとり、今日の授業の内容を説明するラシッド。これまでの経験が生かされていて、授業を進めることにも少しずつ慣れてきたようです。ひととおり授業を終えたラシッドが、ふぅーと一息ついて近づいてきました。

「ラシッド、ンズーリ（Good）な授業だったよ！　たくさん話して喉が渇いただろう？」

「へへへ、アサンテ！（ありがとう！）　そりゃ喉は渇くけど、ハムナシーダ（問題なし）よ」

「夕方までなにも飲めないなんて、俺は耐えられるかな？」

「ムスリムだって、子どもたちや妊婦は我慢しなくていいんだから、我慢できないときは飲んでいいんだよ」

ラシッドの優しい言葉に少しだけ気分が軽くなったものの、学生らは本当になにも口に入れません。この日は午後まで授業がありますが、そもそも食堂が閉店しているのでなにも手に入らないのです。「おっ！　タクゥもラマダンしてるのか？」と声をかけてきたアメリ先生も、平気そうに笑っています。


私も、昼過ぎまでは、どうにか過ごせていたのです。苦しいのはそれからでした。午後の授業を終えてアパートへの帰り道。空腹はなんとか我慢できるものの、これまでの人生で経験したことのない喉の渇き具合に襲われて、口の中はカラッカラです。中学、高校時代の野球部の練習のときより渇いていて、もう限界。さとうきびジュースも、陽が沈んでからしか売らないので、いつもの広場にアサーニもいません。
アパートに着いてベランダから外を見てみますが、無情にも夕陽はまだ目の前。実際、そんなに長い時間ではなかったのかもしれませんが、私にとってはとても長く感じました。

少しずつ薄暗くなっていく部屋でひとり、「本当にいいのか？」と最後まで葛藤しましたが、とうとう、まだ沈まない夕陽を見ながら水をひと口飲んでしまったのでした。ラマダン初日にして妥協してしまった自分の弱さにがっかりし、選手たちへ申し訳ない気持ちになりました。

その週末から「ラマダン球児」たちの練習が始まりました。練習時間は短くなったものの、練習メニューはいつもどおりです。選手たちに比べて発汗量の少ない私でも喉が渇き、水分補給をできないことが苦しいのです。このような身体の状況で、果たして本当に練習を続けてよいものなのでしょうか？　彼らにとっては毎年のことで慣れているとはいえ、成長期の身体のことを考えるとやはり心配です。断固として、やめさせるべきだったかもしれません。

このような状況では、ザンジバル野球大会の開催は厳しそうです。気象環境や宗教的行事だけが主な原因だとは思いませんが、この地で多くのスポーツが普及してこなかった理由のひとつには、それらがあるということも少なからず関係しているのではないかと思いましたが、どうでしょうか？

ザンジバルのトイレ事情

いつのまにか、ザンジバルでの生活も10か月目になりました。生活をするうえで、初めの頃、もっとも気をつけていたのは、トイレットペーパーをカバンに常備することでした。

ザンジバリはトイレットペーパーを使う習慣がなく、トイレの後はお尻を手で洗っているので、どこのトイレに入っても、バケツに水があるだけなのです。私はトイレ介助が必要な現場で勤務した経験もありましたので、人のうんちを処理するのはとくに気にもしないのですが、自分のうんちを、しかも、素手で触ることには、抵抗がありました。

ザンジバルに来て2、3か月くらい経った頃だったでしょうか、トイレットペーパーを持ち忘れて出かけた日がありました。そんなときにかぎって、タイミングよくトイレに行きたくなるものです。

「うんちが指と爪のあいだに入ると、臭いが一日中取れないから、手の平でやるんだ」先輩隊員から教わっていた言葉を思い出し、おそるおそる……はじめて手で洗ってみることにしました。

右手で柄杓《ひしゃく》をつかみ、くぼみをつくった左の手の平にバケツの水を移します。その水を眺めながら覚悟を決める私。息を止めて、バシャバシャバシャと勢いよく洗います。2回、3回と繰り返すうちに手の水がだんだんと透明になっていきました。

トイレから出て、外にあった石けんで手を洗うと、何ごともなかったかのような手。あれだけ抵抗があったのに、思い切ってやってみると、どうしてあんなに嫌がっていたのだろうかと、不思議なくらい大したことのないものでした。それ以来、私はどこへ行くときもトイレットペーパーを持たなくなりました。こうして、生活上の心配ごとがひとつ減り、ここでの生活に少しずつなじんできたのです。

心の緩み

石造りの街全体が世界遺産となっているストーンタウンは、細い歩道が入り組んだ迷路のようなところ。建物の多くが白壁で、アラブとヨーロッパの文化が融合したような雰囲気です。歩きながら迷うこともありましたが、迷っても、とても楽しい街です。

海側からその迷路へ入ると、マルマルホテル前の通りには、キテンゲ（特有のカラフルな布）を加工してしゃれた小物を作っているリズのお店や、そのすぐ近くには、世界各国のコインを加工して装飾品にしているチャプのお店があります。日本の硬貨も加工されていましたが、日本では間違いなく違法です。このふたりとはとても仲良くなり、買い物する用事がなくてもお店に立ち寄るようになりました。

なかでも、私の一番のお気に入りは、エマーソン・フルンジというホテルの屋上にあるカフェです。ストーンタウン全体が一望できる床に座ると、心地よい風が吹き抜けます。海岸線に沈んでいくオレンジ色の夕陽の手前を、三角形の帆を張ったダウ船のシルエットがゆっくり進んでいくのをずっと見ていられるのです。

その迷路の中で買い物をしていると、観光客が英語で値切り交渉をして断られる場面をよく見かけました。しかし、スワヒリ語で値段を聞いてみると、頼んでもいないのに安くしてくれたり、サービスしてくれたりするのです。なんだか、地元の人として扱われている感じが嬉しかったものですが、この頃になると、少しずつ、そんな気持ちも薄れていました。トイレや買い物などにすっかりと慣れ、たぶん私は気が緩んでいたのでしょう。気の緩みというのは、自分ではなかなか気がつかないものです。

その日は、隊員みんなで遊びに行く約束をしていました。待ち合わせ場所のストーンタウン行きのダラダラに乗っていると、道の途中で見かけたことのない青年が乗ってきて隣に座りました。落ち着きがなくもぞもぞしていたのですが、そういうことはこれまでに何度もあったので、とくに気にもしていませんでした。

ストーンタウンに着き、ダラダラを降りようとした瞬間、その青年が私のカバンのサイドポケットから財布を抜き取り、道路の反対側に走っていったのです。急に起きたことで驚きましたが、すぐに追いかけました。しかし、迷路のようなストーンタウンの中に逃げられると、すぐに見失ってしまいました。現金は少ししか入っていませんでしたが、IDやクレジットカードが入っていたので、とても落ち込みました。

福島県二本松市で受けた派遣前訓練では、防犯に関する研修が多くありました。リュックは前に背負え、サイドポケットは内側に向けろ、肩がけバッグは真っすぐかけろ、ケータイは車窓の高さで見るな、などです。ここで生活し始めた頃は、注意してすべてを守っていました。

しかし、その頃になるとなにひとつ守らなくなっていて、この「慣れ」が、盗難に遭うという事態を招いたのだと思います。いくら生活に慣れたとはいっても、私を知らない人から見れば、やはり、私は〝狙いやすいカモ〟なのだと痛感したのです。

地獄の治療

私の気の緩みは、野球のほうにも現れました。いつもどおり、アップを終えてキャッチボールをしていると、突然、ただならぬ声がグラウンドに響きました。

「うわーん痛い！　私はもう死ぬー！」

泣き叫ぶ女の子の声です。その主は、最近練習に参加し始めたハディジャ。キャッチボールの相手をしていたサブリナに事情を聞いてみると、サブリナがハディジャへ投げたボールがグローブに入らず、彼女の顔に当たったらしいのです。見ると、右目のまぶたが3センチくらい切れていて血が出ています。

（これは縫う必要がある！）

そう判断した私は、すぐに、ラシッドのタクシーを呼び、洋平の活動先であるムナジモジャホスピタリまで連れていきました。廊下には、診察を待っている患者さんたちがたくさん並んで座っているのに、私たちが行くと、「ヨーヘイのラフィキ（友だち）だから」と、すぐに診察室に入れてくれました。優先順位を決めるその基準、病院としてどうかとは思いましたが、こちらもハディジャの出血が止まっていない緊急事態。素直にその親切に甘えました。ひととおり診察を終えると、医者が信じられないひと言を放ちます。

「これは縫う必要がある。外の売店で、針と糸を買ってきてくれ」

「はい？」

耳を疑う私。えーと、それって私が？　まさか、病院に来て、治療に必要な道具を「買って来い」と言われるとは思ってもいませんでしたので、開いた口が塞がりません。しかも、ここは島で一番大きな病院なのに……。いや、文句を言っているひまはありません。それがないと治療が進まないので、とりあえず、買いにいくことにしました。

私が気を利かせて（これまでの経験からの感覚で？）指示された針と糸に加えて、消毒液も買って戻ると、「おっ、消毒液も買ってきたのか。なかなかやるな！」と医者からお褒めの言葉が……。「いやいや、むしろ、消毒液もセットで指示してくれ……」という心の声を押し殺して、「早く処置してやってくれ」と頼み込みました。

ようやく治療を始める医者。しかし、私にとっては、ここからが地獄の始まりだったのです。

右のまぶたを縫うために、針を刺して糸を通していく処置。素人が考えてみても、眼球を傷つけてしまうリスクを回避するために、まぶただけを縫うことに適した方法を選ぶべきです。しかし、その医者は、そのひと針ひと針を、ハディジャの目に対して垂直に差し込むのです。薄い皮一枚しかないはずのまぶたを針が貫通した後、針先が眼球に届かないところで、手首を返します。

この光景を見ている時間はまさに生き地獄。もし眼球になにかあったらおれのせいだ、失明したら彼女の人生をどうしよう、と悪い方向にしか考えられません。

しかも最悪なのは、ボールが当たった瞬間を私が見ていなかったことです。彼女の親に、なんの説明もできません。コーチとしてハディジャに申し訳ない気持ちでいっぱいでした。その自戒も込めて、私は目を反らさずにこの治療を見続けたのです。

思い返せばこの日は、みんなをポジションにつけて実戦形式で練習をする予定でした。以前なら、キャッチボールは大切な練習だったはず。選手にケガがないように、注意深く見守っていました。しかし、いつのまにか慣れてしまい、キャッチボールが「練習」から「肩慣らし」になっていたのです。

今日の出来事は、私自身の気の緩みが生んだ事故としかいいようがありません。財布の盗難の件とハディジャの件、この2つが立て続けに起こったことで、私は自分の気の緩みに気がつきました。派遣期間も折り返し地点となり、神様から、「もう一度、気を引き締めろ！」と言われた気がしたのです。

幸い、ハディジャのケガは大事には至りませんでした。私はその夜、自分の反省を兼ねて、「まさか自分にかぎって」という油断が大敵であることを世界中の同期隊員たちと共有したいと思い、「私の体験は、ジブンゴトだよ」とSNSで発信したのです。

良いことも悪いことも、けして長くは続かない

いつものように、カクメイジが夕食に誘ってくれました。この日、由美子さんが料理してくれたのは、ハタの蒸し物です。カクメイジ号で漁をしている人たちがとってきた魚だそうで、地元沖縄ではミーバイと呼ばれる高級魚です。お刺身か魚汁でしか食べた

ことがなかったので、こんな食べ方もあるのかと衝撃を受けました。とにかくおいしいのです。

ほかにもたくさんの料理が並ぶテーブルですが、カクメイジの前にはコニャギ（さとうきび酒）しかありません。私たちがたらふく食べるのを見ながら、コニャギにライムを搾って飲んでいます。

これまで何度もごちそうになっている食事。昼食は一緒に食べますが、夕食は一度も一緒に食べたことがありません。カクメイジは「俺は一日一食で十分。飢えている人たちを、どうにかしようと言っている革命家が、三食も食うわけにはいかないよ」と笑います。

昼に食べるか、夜に食べるか、それだけの違いがあるだけで、カクメイジは年中ラマダンしているようなものなんだ……。そんなことを思いながら、最近、自分の身の周りに起きたことを話しました。財布を盗まれたこと、雨季やラマダンで練習がうまくいっていないこと、誰も練習に来なくてサルームとふたりで練習したこと、ハディジャのケガのこと……。どれもネガティブなことばかりです。カクメイジは、ひとしきり私の話を聞いた後でこう言いました。

「良いことも悪いことも、けして長くは続かないから、良いときに調子食らわず（調子に乗らず）、悪いときにジタバタせず耐え忍んで、いまできることをコツコツと続けることだな」

「雨で練習ができない日は、本でも読んで自分を磨くことだ」と続け、吉川英治の『新書太閤記』を11冊、ドサッと持ってきてくれました。これは、流浪生活をしていた日吉という少年が織田信長に仕え、小さな仕事を忠実に積み重ねた末に、天下人・豊臣秀吉になるまでの半生を描いた物語です。

まさか、アフリカに来て日本の歴史を学ぶとは想像もしていませんでしたが、練習ができない日は読書という、私のルーティーンはこのときに生まれました。「晴球雨読」とでも言いましょうか。そんな生活をしていると、そのときどきの状況に応じてできることをやればいいのだと思えてきました。晴れ間が見えたとき、練習に来るのが、たとえ1人でも2人でも、その人数でできる練習をコツコツと続けていればそれでいいのです。さすがはカクメイジ。なんだか、心の雨季が晴れたような気がしました。

ちょうどその頃、日本に帰国した小山さんから、タンザニア野球レポートが届きました。

全世界の野球人口は1200万人程度で、そのうち250万人が日本人。1500人以上がプレーしている国は、たった20か国しかないそうです。これでは、オリンピックの公式競技から外されても文句は言えません。

「日本が世界一の野球国なら、世界一の国際貢献をすべき」という一文があり、私の気持ちがアフリカ野球に向いたときのことを思い出しました。

「そうだ、せっかく、『夢』が『手の届く目標』になったんだ!」

報告書を見て、私は、さらに元気が出たのです。

笑顔はどこの国の子も同じ

第6章
広がり始めた「野球」の芽！

キャッチボールするサブリナ

魔法の言葉「インシャアラー」

　ザンジバル全土から集まるクロスカントリー大会が開催されるらしいという情報が入り、そこで、野球を紹介するスペースを用意してもらえることになりました。これは、オスマン先生がどこからか持ってきた話で、２週間前、「シェーン大統領がベースィボーリを見に来ることになったぞ！」と、とても嬉しそうにしていました。

　大陸側のタンガニーカにも大統領がいますが、ここ、ザンジバルにも大統領がいるのです。しかし、前日になると、「たぶん来てくれるはず」に変わり、当日、「確実ではない」に変わりました。それを聞いた瞬間、私はすぐに、「今日、大統領は絶対に来ない」ことを察知しました。

前情報と現実のギャップが大きいのは、なんともアフリカ的な感じで私は嫌いではありません。もちろん、こちらに被害がないときにかぎりますが……。

ザンジバリには、ときどきズルいところがあります。そんなときの決まり文句は「インシャアラー」。タンガニーカでも「ムングアキペンダ」と言っています。使い方は、たとえば、「明日は7時から草刈りをしようか」と言うと、「インシャアラー」と返ってきます。

この言葉の意味は、「神が望めばね」。つまり、それを実行しなくても、「神が望まなかったから」と言えるのです。郷に入っては郷に従え、私もいつのまにかこの言葉を上手に使えるようになりました。

「日本に連れて行ってくれ」「日本人と結婚したいから日本の女の子を紹介してほしい」「JICAから予算を取ってきてくれないか」。私と初対面なのに、図々しくこんなことを言ってくる人たちに対しては、すべて「インシャアラー」です。そして、神は私にそれを望みません。

相手に嫌な気もさせず、自分も気楽、それでいいのです。「クロスカントリーを見に来ていただけますか？」と聞いた運営担当者に、大統領もそう言ったに違いありません。

結局、クロスカントリー大会に大統領は最後まで現れませんでしたが、教育局長やその側近という、教育系ではトップクラスのＶＩＰゲストが来てくれました。選手たちは、ゲストが見学してくれるとテンションＭＡＸです。ふだんの３倍くらいに元気いっぱいで野球を披露していました。

私は内心では、「こいつら、このヤロー」と思いましたが、まあ、外ヅラを良く見せようとするのは、どの国の子も同じだと思い、許してやりました。

このイベントで一番張り切っていたのはオスマン先生です。教育局長に、プレーする選手たちを見せながら、身振り手振りで野球について力説していました。ゲストの皆さんが、たぶんはじめて見る野球について、どこまで理解してくれたかどうかはわかりませんが、オスマン先生の熱意だけは伝わったはずです。

少年の瞳が輝いた日

「今日はテレビカメラが来るぞ、そして夜はスタジオに行く」

オスマン先生が嬉しそうに言いました。ザンジバルの民家に、どれくらいテレビがあるのかも知らなかった私は、「へぇー」とだけ応えました。

少しすると、オスマン先生の言うとおりカメラマンがやって来ました。私たちの練習風景を撮影して、その映像を夜の生放送スポーツ番組のなかで流すのだと言います。

しかし、カメラマン1人しか来ていないし、手に持っているカメラが家庭用の小さなタイプなので、どこか怪しい。テレビの生放送とはいっても、番組をどのくらいの人が見ているのか、どれほどの影響力があるかもわかりません。

とりあえず、テレビ局のスタジオ入りの時間だけ確認して練習を終えました。夜になって、コーチ陣と共にスタジオに入りましたが、生放送番組なのに打ち合わせなどもいっさいないまま、放送が始まろうとしています。

司会者はテーブルの下でケータイを触っているし、カメラマンはパンを食べ、映像管理のために座っている人たちはパソコンでトランプゲームをしています。本当にテレビ放送されるのかどうかすら、いよいよ怪しくなってきました。

そして、司会者がテーブルにケータイを置くのを合図に放送が始まりました。前半の30分は、私から野球のルールや道具の説明です「これはグローブといってボールを捕るためのもの。これはバットといって、これでボールを打ちます。一塁から順番に走りまわって、本塁を踏めば1点です」と、そんな具合。私のつたないスワヒリ語を洋平とオスマン先生が補足してくれました。

そして後半の30分は視聴者からの質問タイム。私たちは、住民の数人にでも野球のことを伝えられたらいいかなと気軽に考えていましたが、それはとんでもないことでした。

「海側の田舎にチームを作れませんか？」「ベースィボーリをやると、どんな良いことがありますか？」「女子ですができますか？」「28歳ですがいまから始められますか？」なかには、「ペンバ島にも教えに来てもらえませんか？」という少年からの熱烈な要望もありました。

そんな視聴者からの電話が、鳴り止むことがないのです。ずっと鳴りやまない電話に困った司会者が、最後は、目の前で鳴る電話の受話器を1センチだけ持ち上げてすぐ降ろし、ガチャンと通話を切ってしまう始末。みんなが観ている生放送でその所業は、さすがザンジバリ……。

まさかの大反響に、一番驚いたのは私たちでした。なんということでしょうか！　いつのまにか、このザンジバルのあちこちに、「野球」が芽吹き始めたのです。

グラウンドで地道に活動を続けることを軸にして、ときにはこのようなメディアの力を借りることも、競技普及のためには非常に有効な手なのかもしれません。

翌日、グラウンドには大勢のギャラリーが集まりました。ママに連れられて来た7歳の男の子、ハッサン君が、照れくさそうに話してくれました。

「ベースィボーリをやってみたい。今日が楽しみで眠れなかったんだ」

練習に励むお兄ちゃんたちを見つめるハッサン君のキラキラ輝く瞳。そうだ、私はこの瞳のためにここに来たんだった。ハッサン君の瞳は、私にそんなことを思い出させてくれたのです。

じゅんと洋平の帰国

私たち協力隊員の活動には2年という期限があります。まず、じゅんが帰国し、続いて洋平も帰国しました。そのうち、こういう日がくることはわかっていましたが、いざそうなると、とても寂しいものです。

私ひとりではできなかった練習ができるようになったり、スワヒリ語では伝えられないことを代わりに伝えてくれたりして、本当に助かりました。

パソコンが専門のじゅんは、第2回タンザニア甲子園のムービーをつくって選手たちの志気を高めてくれたし、理学療法士の洋平はチームのフィジカルケアを受け持ってくれました。本業が忙しいなか、休みの日にわざわざ早起きして練習に参加してくれていたのです。

このふたりなくして、いまのザンジバル野球はなかったと断言できます。

じゅんは、野球好きの父親と映画「メジャーリーグ」の影響で野球を始めたけれど、「声が小さい」と監督によく怒られて、野球が嫌いになったそうです。

私はそんなことも知らずにコーチを頼みましたが、快く引き受けてくれました。彼が帰国するときに書いたレポートには、「タンザニア人から野球の楽しさを教えてもらえた気がする」とありました。とても嬉しかったです。

洋平とは、夜な夜なヤギ肉バーや水タバコバーに繰り出して、昼間のグラウンドでの珍事件で笑い合っていました。その洋平が帰国したことで、コーチは私ひとりになってしまいました。ふだん、あまり弱音を吐きたくない私でしたが、そのときばかりは本当に寂しさを感じました。

彼らの帰国前には、みんなで送別試合をしたり、送別旅行をしたりしました。最後にみんなで撮った記念写真を、ストーンタウンのジェラート屋に飾ってみました。お店の雰囲気とマッチしてとてもいい感じ。

私もやがて帰国します。それを忘れずに、できることを続けるしかありません。

空振りは素振りだ！

2時間半の練習時間をどう使うか、毎回これを考えるのも楽しいものです。ただ、予定している練習メニューを終わらせるための時間延長はしないと決めているので、時間の使い方をとても大切にしています。

いまの彼らに必要なのは、ストライクかボールかを判断することではなく、打った後にどう走るか、守備はどう動くか、といったプレーの一つひとつを理解すること。ということは、実戦的な練習をより多く繰り返したいところ。

しかし、全球ストライクを投げてくれるピッチャーはいません。練習を見ていると、ボール球ひとつでプレーが止まる時間は約10秒、バッター1人につき、ボール球が平均2球あるとして、約20秒。20人がバッターボックスに立つと、プレーしない時間が約6分半にもなり、空振りやファウル、パスボールやワイルドピッチなどの時間も含めると、相当な待ち時間になってしまいます。

この時間を有効活用するために、「ボールを置いて打てる台」を作製してみました。日本では、スタンディングティーと呼ばれている一般的な練習道具です。飲み水を買ったときのボトルとホースしか使っていないので、費用は2000シリング（日本円で120円くらい）、とても安くおさまりました。これを使えば全球ストライクと同じ、1球で1プレーできます。

これまで1打席ずつしかできなかったバッターも、2打席以上経験できるようになり、単純計算では守備機会も数倍になります。

真っすぐ立っているホースの上に置いてあるボールをただ打つだけなので簡単そうに見えますが、彼らにとっては初体験。スレッシュは、ボールから目を離さずに思い切り空振りをしました。

バットがチームに2本しかない私たちにとっては、みんなでバットを数多く振る練習はできません。一人ひとりがバットを振れる回数は限られています。私たちにとっては、空振りひとつでも貴重な練習。空振りは素振りなのです。

「いいぞー、スレッシュ！　どんどん振るんだ！」

最後尾か最前線かは、自分が決める

「あ、ベルトを忘れた！」と叫んだのはナディア。ベルトを取りに帰るのかと様子を見ていると、カバンを置いたままどこかへ行ってしまいました。

この日は、練習前にみんなで作業をしていました。カクメイジがつくった船、カクメイジ号で使われていた大きな古い網をもらえたので、それを鉄の棒にひもで巻きつけて、お手製のバックネットをつくるのです。

チームのことが新聞に載ったり、テレビで紹介されたり、ということがあったので、野球に興味を持ってくれて新しくやり始めたメンバーたちもいます。オスマン先生が無理やり連れてきたメンバーのなかには、もちろん、抜けていった子たちも多くいますが、現在は常時40人くらいが練習をしています。この作業も、先輩たちが新メンバーに教えてあげながら進めているのです。

そろそろ作業が終わろうかというとき、ナディアが戻ってきました。赤いシャツにユニフォームパンツを履いていますが、よく見ると、サスペンダーをつけています。忘れたベルトの代わりだそうです。それはわかりますが、野球のユニフォームにサスペンダーははじめて見ました。なかなか斬新です。

実はこのナディア、「捕れない、投げられない、打てない、走れない」の4拍子がそろった選手。しかし、出席簿を見てみると練習は皆勤賞です。前年のタンザニア甲子園のときには、いまよりもさらにだいぶ下手で、ちょっとしたフライも捕れなかったため、彼女には留守番をしてもらいました。しかし、彼女なりに少しずつうまくなっていて、このままの調子で頑張ってくれたら、今年は代表入りできるかもしれません。

バックネット設置の作業が終わり、練習が始まりました。いまや、初期から続けているメンバーが、プレイヤー兼コーチとなり、後輩たちに指導してくれるようになっています。

「ザンジバル初の野球大会を開催しよう」と、2つに分けたチームの両方に、コーチと新メンバーが半分ずつ分かれているのです。

ふと、バッターボックス付近に目をやると、オマリが新メンバーのイースマイリとフランシスにバットの振り方を教えています。これまで経験してきたことを、彼らの言葉で伝えてくれていて、身振り手振りの一つひとつを観察していると、とても中身の濃い指導をしているように感じます。こうして野球が彼らのものになっていくのだと、実感できる光景です。

翌週には、島の北側にあるキドティィセカンダリースクールからオスマン先生に要望があって、出張野球教室を開催しました。クェレクェからダラダラで90分も揺られましたが、遠足気分で、選手たちはみんな楽しそうです。

キドティには道具がまったくないので、移動中の選手たちの膝の上には野球道具が乗っていますが、モハメッドとカッシムは、なぜかココナッツの殻をたくさん持っています。んっ？　なぜココナッツ？

出張野球教室ではまず、オスマン先生が野球についてどういうスポーツなのかを少し説明して、あとは選手たちが講師になって野球教室が始まりました。グローブやボールにはじめて触れるキドティの子どもたちへ丁寧に指導する講師陣。目をキラキラさせているキドティの子どもたちを見ていると、ちょうど1年前の彼らを思い出します。

1年前には、キドティの子どもたちと同じような感じだった彼らが、いまでは講師として、村の子どもたちに指導しているのです。ボールやバットの握り方、グローブをどの手につけるかなどの基礎はもちろん、きちんと時間を守ることや道具を揃えて置くことまで伝えてくれています。

「最後に、試合のかたちを見せようよ」と提案したのはアブバカルでした。その後、モハメッドとカッシムに、なにかを指示しました。

荷物置き場に戻った彼らふたりが抱えてきたのは、さっきダラダラで持っていたココナッツの殻でした。それを麻袋にパンパンに詰めて四角形に整えます。その麻袋が置かれた位置を見ると、それはダイヤモンド。

「なるほど！」

風に飛ばされてしまうほど軽くはなく、持ち運べないほど重くもない。そして、何回踏んでも大丈夫なココナッツの殻を、厚い麻袋で包んだ即席のベース。ふだんは捨てるだけのゴミを使ったナイスアイデアです。

思えば私も小学生の頃、ちょっとした広場の柱をベースにして休み時間のたびに野球あそびに熱中しました。先生に怒られては場所を変え、バットがなければ手打ち野球。遊ぶことさえ決めていれば、環境や道具はどうにか生み出すものでした。いつのまにか忘れていましたが、私たちの常識とか固定観念とか、そういうものにはとらわれない自由な発想がここにはあります。


「ココナッツベースボール」に興じる彼らはとても楽しそうでした。いま、地球上で彼ら以上に野球を楽しんでいるチームがあるだろうかと思えるほどです。

「おいおい、野球教室はどうした」と注意しようか迷いましたが、いつも以上に張り切ってプレーする彼らの様子がおもしろくて、いつのまにか私も試合に見入ってしまいました。

正直、その日その場に私は必要なく、ひと言も発することなく教室は終わりました。

彼らだけで、野球の魅力を十分に伝えてくれたのです。そんな頼もしい姿を見ることができて、私は、とても嬉しい気持ちと、少し寂しいのと、半々な気持ちになったのでした。

「来月は、ランゴーニセカンダリースクールでも野球教室をすることになったぞ」

オスマン先生が嬉しそうに言いました。


彼らを見ていて、ふと、このザンジバル野球はどこを向いて進んでいるのだろうかと思い始めました。

世界最高峰のメジャーリーグに目を向ければ、彼らは、最後尾をゆっくりゆっくりと進んでいるだけでしょう。いっぽう、野球未開の地、アフリカ大陸に目を向ければ、その最前線を全力疾走しているようにも感じます。

そのことに気がつくと、自分がどこを向くか、どう見るかによって、見える景色がまったく違うものになるのだと、彼らが教えてくれた気がしたのです。

オスマン家の休日

今日は、イスラムの祝日。仕事も学校も休みなので、家族みんなで過ごす日です。ふつうの休みの日なら練習するのですが、この日は大きな祝日で特別らしく、練習も休みにすべきだとオスマン先生からアドバイスがあって、休みにしました。そして嬉しいことに、オスマン家の食事に招待されたのです。

朝からカンズーを着てオスマン家に向かいます。ムスリムの正装は、カンズーと呼ばれる丈の長い服で、だいたいみんな白を着ています。頭には丸いコフィア（帽子）をかぶり、足元はサンダルが一般的。自分で言うのもなんですが、けっこう似合っていて周りの評判は上々でした。

ラシッドの運転でオスマン家へ向かう途中、交通警察の検問がありました。これにはもう慣れたもので、検問が見えた瞬間に、私はラシッドに2000シリング（日本円で120円くらい）を持たせます。この検問、ひと言で言えば、警察官による金銭せびりなのです。

ムスリムには、「豚肉を食べてはいけない」という決まりがありますが、それと同じように「お酒を飲んではいけない」というものもあります。それを、きちんと守っているこのラシッドも、ふだんからお酒を飲まないのです。

ですから、とくに問題のない優良タクシードライバーが飲酒運転をしていないことは、警察官たちはもとから承知しています。それでも毎回、検問で車を止めさせ、車を一周見まわして、「タイヤの空気が少ない」「ワイパーが古い」「窓が完全に開かない」などと強引なイチャモンをつけて、「整備不良だから罰金を払うように」と言い張るのです。

ここに来た当時、私はこの賄賂《わいろ》（カツアゲ？）みたいな罰金におおいに腹を立て、素直にお金を渡すラシッドに対して怒ったり、支払いを頑なに拒否したりしていました。

しかし、拒み続けるといつまでも目的地へ行けないし、最後には「じゃ、車を置いていけ」と言われてしまい、そうなると、ラシッドが学費を稼ぐための仕事を失うことになってしまいます。

そこで、いつからか、検問が見えた瞬間に2000シリングを1枚持たせ、握手するフリして警察官に渡させるようにしたのです。これは、私とラシッドのあいだでは通常のことになりました。

こういう日常を見ているからか、地域の子どもたちに将来の夢を聞くと、「交通警察」と答えます。悲しいことですが、子どもたちは、大人たちの行動をよく見ているのです。

さて、オスマン先生の家がある地域に行くのははじめてでしたが、ラシッドに地名を言ったらすぐに合点がいったようで、予定より早く着きました。

「シカモー、オスマン先生」

「マラハバ、タクゥ」

アブドゥリは、ママが料理しているあいだ、小さな妹たちの面倒を見ているようです。オスマン先生が床に腰を下ろした、その隣に私も座りました。

急に突拍子もないことを言い出したり、大切な日をすっぽかしたりするオスマン先生。月に2回くらいはイラッとしますが、なんだかんだで、このおじさんには頼りっぱなしです。いまにして思えば、1年前に彼がドレの練習を見に来ていなければ出会うこともなかったはず……。ご縁は必然か偶然かとよく聞きますが、私は必然派。オスマン先生と私は、あのときに出会うべくして出会ったような気がしているのです。

この日、ママが料理してくれたのはビリヤニ。スパイスとお肉の炊き込みご飯で、私はこれが大好きなのです。アブドゥリの妹が運んできてくれたのですが、私が外国人だからか、私にだけスプーンがついてきました。「アサンテ」とひと言伝えてスプーンを返し、みんなと同じように素手で食べました。

食べていると、その妹が私を見て「タクゥは子どもみたい」と笑います。なぜかというと、手のひらにも米粒がいっぱいついていたからです。大人は指先だけで食べられるから、手のひらが汚れないのだと言います。妹のそのひと言でみんなが笑い、場を和ませてくれました。

食後にゆっくりしていると、なぜか審判の練習を始めたオスマン先生。両手を大きく広げて声高らかに「ストライク！」とコールしました。

うーむ……、あなたはいままでいったいなにを見てきたんだ……。「それはセーフのゼスチャーです」と、ツッコもうかどうか迷いましたが、今日はめでたい祝日だし、家族の前だし、ママのビリヤニもおいしかったし……。ここは、寛大な心でスルーすることにしました。

私はあえてスルーしましたが、アブドゥリはちゃんとその間違いに気がついていて、頭を抱えて笑っていました。

素直に頼っていい

野球をまったく知らなかったこの島にも、いつのまにか4つのチームができました。選手の数も約80人にもなっています。

限られた道具を交互に使いまわしていましたが、選手やチームが増えるにつれ、「グローブやバットなどの道具が足りない」という大きな問題が浮き彫りになってきました。しかし、島内で野球道具が手に入ることはなく、フェリーに乗ってダルエスサラームへ行っても、販売している店はありません。タンザニア国内で、この問題を解決するのはまず不可能。

範囲をアフリカ大陸へ広げれば、どうにかなるのかもしれませんが、私にそのチカラがありません。

選手やチームが増える喜びと、それに伴って大きくなる道具不足問題のあいだで、自分にはどうしようもない状況に、嬉しい悲鳴を上げていました。

そんなとき、私の頭に、地元沖縄でたくさんのことを教えてくださった高校野球指導者の先輩方の顔が思い浮かびました。

「なにか困ったことがあれば、いつでも連絡しなさい」

私が出国する前、そう言って激励してくれたのを思い出したのです。その先輩方の言葉を鵜呑《うの》みにして、私は素直に頼らせてもらうことにしました。

「野球道具を集めて送ってほしい」

はっきり言って身勝手なお願いでしたが、先輩方は快諾してくださいました。私がヘルプの連絡をしてしばらくすると、沖縄県高野連が主催して、「ザンジバル野球支援プロジェクト」を立ち上げ、連盟加盟校を中心に各校で使われなくなった中古野球道具の収集を呼びかけてくれたのです。

集まった道具は、なんと、グローブ70個、バット60本、ボール1300個にもなりました。ほかにも、メンテナンスに必要なさまざまな道具まで提供していただき、その合計は、ダンボール30個というものすごい量。

これだけの大量の荷物をアフリカまで輸送するための費用についても、心強いご支援をいただきました。沖縄から兵庫までは山九《さんきゅう》株式会社さんが、兵庫からザンジバルまでの輸送費とザンジバル港での通関や引き出しにかかる費用はカクメイジが負担してくださったのです。

困ったときは、素直に人を頼る。それもまた大切なことなのだと思うことができました。こうして、「野球の道具がない」という大問題は無事に解消されたのです。

ボールから目を離さずに空振りするスレッシュ

第7章
ふたたび甲子園へ！
これぞザンジバル野球

真っすぐ伸びるための根っこづくり

沖縄からの野球道具がザンジバルに到着したのは6月のことでしたが、それを受け取るはずの「ザンジバル野球連盟」はまだできていません。そこで、カクメイジが名誉会長を務めているザンジバル柔道連盟を受け取り先にして、野球連盟へ引き渡してもらうということになっていました。

しかし、新競技の連盟設立や外国から届いた道具を受け取る作業は、もちろんそんなに簡単なことではありません。正式登録が必要なチーム数の規定や提出書類など、その

ホームインするカリム

手続きには膨大な手間と費用がかかるのです。それらの面倒すべてをカクメイジと由美子さんが請け負ってくれて、時間をかけてどうにかかたちになっていきました。ようやく連盟が正式に設立されたのは、手続き開始から3か月後のこと。

そして9月15日。教育局長に昇任したハッサンと、新しくスポーツカウンシル書記長になったハミスィのおふたりにも参加してもらって贈呈式を行いました。柔道連盟から野球連盟へ……という少し変わった贈呈式でしたが、これでようやく、野球道具を選手が使用できるようになったのです。

新設されたザンジバル野球連盟の初代会長にはオスマン先生が就任しました。カクメイジは、役人らから推挙されて名誉会長に就任。

樹木は根っこがしっかりしなければ、大きく育たないといいます。連盟設立は、ザンジバル野球にとって深くて強い根っこづくりとなりました。さあ、野球を育てる土台はできました。あとは真っすぐ伸ばすだけです。

「目標」をかたちにしてくれた試合帽

私たちのチームユニフォームは、ユニフォームパンツに、ストーンタウンのみやげ屋で手に入る「ZANZIBARサッカーシャツ」が定番スタイルです。本来なら、着帽も義務づけたいところなのですが、なかなか定着していません。試合の日になると、みんな、友だちや兄弟から借りてきてかぶるのですが、かたちやデザインはみんなバラバラです。

ユニフォームの着方や、選手としての振る舞いについても身につけさせたいので、チームユニフォームを揃えるというのは、私にとっては軽視したくない課題でした。そんななか、嬉しい知らせが届きました。

野球用品の「久保田スラッガー」シリーズで知られる、株式会社久保田運動具店さんが、ザンジバル代表チームの試合帽を無償提供してくれるというのです。これは、同社に勤める私の友人、小川久範《おがわひさのり》君の計らいによるもので、「野球に携わる日本の会社として、アフリカ野球の発展に少しでも貢献できれば」と言ってくれたのです。

このご厚意に喜び、帽子を一からデザインすることにしました。そこで力を貸してくれたのが先輩隊員の松田光広《まつだみつひろ》さん（ヒロさん）です。ヒロさんの専門は写真技術なのですが、デザインのこともよく知っていて、私の「ザンジバルっぽいもの」という漠然とした要望に応えて素晴らしいデザインをしてくれました。

帽子全体は、ザンジバルの国旗に使用されている青、黒、緑、黄色でまとめられ、シンボルマークの「Z」はザンジバルを代表するスパイスであるクローブでデザインされています。代表選手としての誇りやプライドを持ってほしいという想いで、国旗や新設された野球連盟のロゴまで組み込んでくれているのです。

久保田スラッガー東京支店で店頭に立ち、プロ野球チームの仕事も担当している久範が、忙しいなか、そのデザイン画を元に帽子の作製に尽力してくれました。

12月に開催される第3回タンザニア甲子園大会まで2か月を切った頃、完成した帽子が届きました。実際に手にとってみると、あらためて大きな喜びが込み上げてきます。

「これで、選手たちの目標が、『かたち』になった！」

そう思いました。

日本の野球少年たちが、侍ジャパンのユニフォームに憧れるのは、それが日本の代表選手として選ばれた証しだからです。しかし、ザンジバルにはそのような対象になるモノがありませんでした。この帽子は、代表選手を象徴する「選手たちの憧れ」になる。選手たちは、この帽子をかぶるために努力するはずです。

タンザニア甲子園で、代表選手として登録できるのは15人のみ。その枠を勝ち取るための争奪戦の起爆剤になるのは間違いありません。今回の久保田運動具店さんのご厚意は、ザンジバルを通してアフリカ野球界へ大きく貢献してくれたといっても過言ではないと思います。

この帽子の件、もともと最初は、私と久範のふたりで話したことが、彼の心意気によって会社が動いてくれたのでした。よく、「人はひとりではなにもできない」という言葉を聞きます。しかし、本当にそうでしょうか。たくさんの人が動くきっかけは、最初は「たったひとりの人間の想い」であることが少なくありません。人間ひとりのチカラは、実は、私たちが思っている以上に大きいのではないでしょうか。

大統領選挙の暴動。監督不在の1か月

私たちが第3回タンザニア甲子園大会を目指していたその年、2015年は、タンザ

ニアで5年に1度行われる大統領選挙の年にあたりました。タンザニア国民の選挙に対する関心は非常に高く、過去には、国民が暴徒化して死者を出したこともあるそうです。

ザンジバルにも競い合う2つの政党があって、その支持者たちは互いに睨《にら》み合っています。そのため、10月25日の投票日が近づくにつれて、候補者応援の集会やパレードの回数が増えていき、その人数や規模も次第に大きくなっていました。交差点を挟んで互いに集会をしているときなどは、投石のひとつでもあれば、即、暴動に発展してもおかしくない雰囲気です。

投票日の3日前、JICAはとうとう私たち協力隊員の退避を決定しました。指示を受けてダルエスサラームへ退避した翌週には、案の定、暴動が起き、191人が警察当局に拘束。その後も、ある村で「村民の数を超える投票があった」などの不正も発覚し、選挙結果を不服とする者が起こした爆破事件や爆弾所持者の逮捕などが相次いだため、私たちの退避は11月24日まで続いたのです。

12月3日から始まる第3回タンザニア甲子園に向けて、とても大切な時期に監督不在という最悪の事態になってしまいました。失われた練習日を数えてみると、なんと12日分の損失です。JICAの判断とはいえ、私は選手たちに申し訳ない気持ちでいっぱいでした。

しかし、嬉しいこともありました。私がいなかった1か月のあいだ、オスマン先生とカリムを中心に、彼らだけで練習を続けてくれていたのです。しかも、通常の練習日以外にも、みんなで集まって練習していたといいます。私の不在中、みんなで相談してグラウンドに集まったのでしょう。選手たちは、私の存在がなくても、自分たちで考え、自分たちで行動できるほどに成長してくれていたのです。これこそ本当のザンジバル野球ではないか！

言うまでもなく私たち協力隊員の派遣には期限があります。約2年の活動を終えて帰国した後、そこになにが残るのか？　いつもそれを念頭に置いて活動しているつもりです。この監督不在の1か月間で、私はひとつのことを確信しました。

「私が帰国した後も、ザンジバルには彼らがいる」

これ以上ない活動成果だと自負するのは甘いでしょうか。

初合宿で秘策伝授

11月25日、選挙による退避指示が解除され、私は約1か月ぶりにザンジバルへ戻ってきました。ザンジバル国立大学に溜まっていた仕事をひととおり終わらせて、アメリ先生にあいさつを済ませると、私はすぐにグラウンドへ向かいました。平日で練習は休みだったのですが、希望する選手たちが自主練習をしているという連絡があったからです。

グラウンドへ顔を出すと、選手たちが駆け寄ってきてくれました。どの顔も、「監督がいないあいだも、自分たちで練習を続けてきたぞ」という自信に満ちているように見えます。そんな彼らが、こんな提案をしてきました。

「タクゥ、大会に向けて合宿をしよう」

大会まであと10日、計画も当てもないこの提案にはちょっと乗り気になれなかったのですが、「ご飯は自分たちでどうにかするからお願い！」と選手たちに押し切られ、1泊2日の強化合宿を行うことになりました。

合宿当日の夜、右で50回、左で50回、素振りをしなさいと指示しました。宿として教室を提供してくれたクェレクェCセカンダリースクールの校舎にもナイター設備がないので、ボールを使う練習を避けたかったし、沖縄県高野連から届いたバットが人数分あったからです。これまでバットを交互に振っていた彼らにとって、100回も連続でスイングするということは未知の世界。後半はヒーヒー言いながら取り組んでいました。

この合宿は座学で締めくくることにしました。みんなを真っ暗な教室に集め、アパートから持参したプロジェクターを使っていくつかのプレーを見せました。
「相手チームと審判がいるから、試合ができる」ということは、昨年の大会でみんなが実感したことですが、あれ以来、対外試合ができてない彼らに、もう一度実際の試合を観ておいてほしかったのです。

その手本として日本の甲子園の映像を使いました。「攻守交代はみんな元気よく走っているだろう」「このピッチャーは、審判が投げてくれたボールを両手で捕るんだ」「もしホームランを打っても、必要以上に喜んではいけないぞ」「自分がボールだと思って見逃した球で三振になっても、ベンチへ走って帰ってくるんだ」

選手たちはグラウンドで練習をするほうが好きなようでしたが、たまには落ち着いて座学をするのもいいものです。

この週末に行われる第3回タンザニア甲子園、今年はいよいよ本戦トーナメントに参戦します。ダルエスサラームで活動している2チームと比べると、まだ少し力不足感は否定できませんが、ほかのスポーツに比べて番狂わせが多いのも野球の醍醐味《だいごみ》です。

最後に、大会に向けてとっておきの秘策を伝授しました。それはタッチアップです。タッチアップというのは、守備側がフライをキャッチした後に、ランナーが塁からスタートを切れば、進塁を狙うことが認められるルールのこと。

バッターはフライでアウトになっても、ランナーには進塁するチャンスが残っているのだと説明すると、「えーーっ？　走っていいの？」とみんなびっくり。

「もちろん、相手の選手がボールを捕る前にスタートを切るのはダメだけどね」

ルールの理解もだいぶ深まったいまの彼らなら、その場面になってもスムーズに身体が動くはず。楽しみがまたひとつできました。

15人のメンバー発表後、新しくできた試合帽を一人ひとりに配りました。代表から漏れ、帽子をもらえずに泣き崩れる子も。しかし、「ザンジバル代表を目指して練習を頑張った日々が、いい経験だった」と思ってくれる日がくることを願っています。

昨年同様、スポーツカウンシルからフェリー代金は最後まで出てきませんでしたが、それもどうにかみんなで負担して解決しました。2年目になると心の余裕が違います。

さあ、いよいよタンザニア甲子園へ2回目のチャレンジ。私にとっては、派遣期間中の最後の甲子園です。

タンザニアへ野球を伝えてこられた歴代コーチ、各チームの選手たち、育成に関わってこられた日本・タンザニア両国サポーターの方々など、諸先輩方へ心からの敬意を表して、本戦初出場のザンジバルが下剋上《げこくじょう》を狙います。

第3回タンザニア甲子園

12月3日、第3回タンザニア甲子園大会には、アザニア、キバシラ、ムワンザ、サンヤジュウ、ムベヤ、ザンジバルの6チームが集いました。本来なら、昨年参加していたソンゲアも来るはずだったのですが、隊員が帰国した後は練習できていないことや旅費の面がクリアできず、今回は不参加とのこと。昨年は元気にプレーしていたソンゲア、現地の人々だけで野球を継続させることの難しさをあらためて感じました。そして、私たちがこうして今年も参加できたことに、あらためて感謝です。

今年も、日本から座間さん、須川さん、鈴木さん、近藤さんが来てくれて、運営をサポートしてくれました。座間さんと今回は来られなかった小山さんが、表彰用の盾を準備してくたようです。全チームがそれを目指して戦うのです。

今大会はAブロックとBブロックに分かれてのリーグ戦が採用されました。抽選の結果、私たちの初戦の相手は、なんとダルエスサラームのキバシラチーム。そして、なんと開幕試合に決定しました。はじめての公式戦の相手が優勝候補のチーム。そして、大会の開幕戦とは……。ザンジバル野球の歴史的試合にふさわしいではありませんか。

翌朝の開会式。昨年とは違い、ザンジバルチームも堂々と整列してセレモニーに臨んでいます。

審判長を務める座間さんのスピーチが素晴らしかった。

「ピッチャーはストライクを投げる！　バッターは思いきり打つ！　以上！」

これぞ野球の原点。それを思い出させてくれる名スピーチで大会が開幕しました。

甘すぎた誤算

相手にとって不足はありません。私たちはチャレンジャーとして思い切りぶつかるだけです。ヘタに失敗や悪い結果を恐れると、過度の緊張を生むことがあります。「試合結果は監督の責任だから、結果は気にしないで野球を楽しもう」と言って選手を送り出しました。実は内心、昨年からのチームの成長具合を見ていて、「もしかしたらこの大会で勝てるかもしれない」と考えていました。しかし、それは甘すぎる誤算でした。井の中の蛙というのはまさに私のこと。下剋上どころか、見事な返り討ちです。

緊張からか、腕が縮こまってしまったラシッドは、四死球で走者を出しては打たれるという悪循環に陥ります。打撃陣も相手投手の球速に手が出ず、三振の山を築いてしまいました。キバシラのピッチャーが投げる速いボールに目が追いついていないのです。ルール上のミスなどはほとんどありませんでした。完全なる力負けです。結果、最終スコアは、2対12。

何点差だろうが、試合に負けることは恥ずかしいことではありません。しかし、負けて悔しいと思わないのは恥ずかしいことです。

この試合、私には我慢できないことがありました。それは、あまりの実力の差からか、選手たちに、この試合を途中で投げ出してしまっているような態度が見られたことです。試合途中でスレッシュが記念写真を撮り始めたり、初選出のナディアと新加入のイースマイリが試合も見ずにベンチでおしゃべりをしていたり……。

昨年は、ルールもわからず、勝っていようが負けていようが点差に関係なくがむしゃらにチームみんなで野球に向き合っていた選手たち。しかし、この1年で、良い意味でも悪い意味でも、彼らは野球を理解しつつあります。その結果、〝試合が見えるように〟なってしまったのです。

試合後のミーティングで、私は、はじめて彼らを本気で叱《しか》り飛ばしました。

「なぜお前たちは途中で勝負を諦めたんだ？　野球はみんなでやるスポーツだ。ピッチャーだけじゃない。バッターだけじゃない。レギュラーだけじゃない。ベンチの選手も、声を出したり指示を出したりしてみんなで戦うんだ！　それができない奴はいますぐザンジバルに帰れ！」

私の剣幕に驚く選手たち。私は最後に、「俺はもう、お前たちと野球をしたくない」と言い捨てて、その場を立ち去りました。

私は二試合目の審判をしました。心のなかは寂しい気持ちでいっぱいです。そして、試合をしている両チームには本当に失礼ですが、その試合の記憶もないくらい、ずっと考えごとをしていました。

私は、どこかで指導方法を間違えてしまったのだろうか？　今日の野球には、昨年、私たちががむしゃらに目指した野球とは違う、変に冷めたものを感じました。このピッチャーはとても打てないとか、10点差もついてしまったら、もう逆転は難しいとか、彼らなりに野球がわかり始めているのは、進歩であり、喜ばしいことかもしれません。しかし、それだけでは整理できない感情があるのです。

洋平もじゅんも帰国して数か月、野球に関して彼らが学ぶのは私からしかありません。野球に関する彼らの言動は、すべて私が指導したものなのです。野球の本質を伝えきれていなかったのか？　いくら考えても答えは見つかりません。

ただひとつわかっているのは、試合前に彼らに話した言葉のとおり、結果はすべて監督の責任であるということだけです。

全員野球の復活

第二試合の審判を終えて本部席に座っていると、カリムが下を向きながら歩いてきました。そして、こう言いました。

「タクゥ、あの後、みんなで話し合ったんだ。明日は最初から最後までみんなで戦うよ。今日はごめん。だから、明日も一緒に野球してくれないかな」

涙が溢《あふ》れそうになるのを必死に我慢して、カリムの顔を見つめました。

「だから、明日も一緒に野球してくれないかな」

この言葉は、私の一生の宝です。私もカリムも無言のまま、みんなが輪になっているところへ向かいました。

「カリムがおれに言いに来たことは、みんなの気持ちか？　明日は本当にみんなで野球をするのか？」

真剣な眼差しで顔を縦に振り「ンディーヨ！（うん！）」と返事をする選手たち。その彼らの訴えるような瞳に、大きな手応えを感じました。こうして、長かった大会初日を終えたのです。

2日目。対戦相手はムベヤ。この日の選手たちは、昨日とはまったく違う雰囲気で試合をしました。

「ピッチャー、ナイスボール！」「みんな、2アウトだぞ！」「キャッチャー、ランナーが3塁にいるよ！　気をつけて」

ベンチとフィールドのあいだに大きな声が飛び交い、全員で試合をしています。全員野球というものが、甲子園の舞台ではじめて実践されたのです。

昨年、小山さんと座間さんの審判講習を受け、この試合で「一人審判」という大役をやってのけたタンザニア唯一の審判員イノセント。彼が、スムーズに進行させた規定の5イニングを終えて、スコアは28対8。崖っぷちだった私たちは、勝って翌日の3位決定戦に望みを繋ぎました。

もしかすると、この試合が、野球の本質を彼らに伝えることができた瞬間だったのかもしれません。

本当の勝者

大会3日目。私たちは3位決定戦に臨みました。相手は、昨年8対7で辛勝したムワンザです。選手たちは昨日と同じように、出場メンバーもベンチメンバーも全員が声をかけ、一丸となって戦い、みんなで野球を楽しんでいます。

守備ではみんなで一球に集中し、攻撃では連打に足を絡めて得点を重ねていきました。昨年はシーソーゲームをした相手に対して、一方的なゲーム展開。この1年で、彼らがいかに成長したか実感できる試合になりました。

11対0になったとき、私は選手たちにそれ以降の盗塁を禁じました。いまの彼らは、なぜ、私がそう指示したのかを深く理解できます。全員が「ンディーヨ！」と応えてくれました。それこそが、最高の成長です。

さらにヒットは重ねて、追加点を取り21対0になりましたが、私たちは品格を保って大勝したのです。

大会初参戦にして3位になった彼らは、ザンジバルの大海原で船を漕ぐパフォーマンスで大きな喜びを表し、いつものように歌い踊りました。

私がもっとも嬉しく思ったのは、試合後、選手たちがすぐにムワンザのベンチへ駆け寄り、感謝の気持ちを伝えたこと。そして、すぐにムワンザの選手たちも一緒になって踊り始めたことです。

いつのまにか、全チームがひとつの輪になって、みんなで歌い踊っています。勝ったチームも負けたチームも関係ありません。「ここにいるみんなが勝者!」。なんだか、そんな気持ちになりました。

そして、初日にあんなにも強く叱り飛ばした私まで担ぎ上げられ、選手みんなで胴上げをしてくれました。その気持ちが本当に嬉しくて、私は天にも昇る気持ちで両手をいっぱいに広げたのです。

結局、優勝はアザニア、準優勝はキバシラという結果で、第3回タンザニア甲子園大会は幕を閉じました。ダルエスサラームの二強の壁は、やはり、まだまだ高かったようです。

この1年、私たちは甲子園に出て、ライバルに勝つことを目標にして練習を続けてきました。彼らの存在があったからこそ、いろいろな問題を抱えながらも途中でやめることなく続けることができたのです。優勝を争うライバルであり、タンザニア野球の発展を目指す同志、そして、大いなる開拓者でもある他チームすべてに感謝しています。

アフリカで立てた志

全国大会で3位になってザンジバルへ帰ってきても、とくに話題になることはありません。昨年も同じでしたので、もう不満は抱きません。そんな選手たちを激励しようと、カクメイジがヤギ肉のバーベキューとスープを準備してくれました。彼らにとってはぜいたくな慰労会です。

ザンジバル武道館の広場にみんなで集まり、これからのことを話し合いました。

「3月にはタクゥが帰ってしまう。それまでにたくさんベースィボーリを吸収して、ザンジバル野球を発展させよう」とオスマン先生。

「柔道もそうだが、野球も負けた試合から学ぶことは大きい。自分たちのなにが悪かったのか、しっかり反省して、新たな気持ちで次の目標へ向かいなさい」と柔道連盟の名誉会長も兼ねるカクメイジ。

それに応えるように、カリムが「みんなでがんばるぞ」と宣誓して、みんなで円陣をつくってソーダで乾杯をしました。その後にヤギ肉を食べましたが、彼らは、焼きすぎるくらいが好みのようで、私からすると固くてかめないのですが、みんなとてもおいしそうでした。

その夜、いつものようにカクメイジが夕食に招待してくれました。由美子さんにハタの蒸し物をリクエストしていたのですが、漁でハタが取れなかったようで、この日は夕マンのお刺身でした。タマンというのはフエフキダイのことで、沖縄でもよく釣れます。

さらに、「HONGERA（おめでとう）3位」と書かれたポテトサラダのケーキまでつくってくれていました。私への個人的なおめでとうは、由美子さんからだけでしたので、とても嬉しいものでした。カクメイジは、いつものようにコニャギにライムを搾って飲んでいます。

「上原君、そろそろ帰国だな。帰ったら学校で働くのか？」

「はい、帰国したらすぐに学校現場へ戻ることになっていますが、どんな教員生活を送っていくことになるのか、いまはぜんぜん想像できません」

「どんな仕事でも、志を持って生きていくことが大切だぞ」

自分が立てた志の方向へ針路をとり続けて生きていれば、どんなにたいへんなことが起きても大丈夫だと言うのです。「夢を持つ」「目標にする」、どちらも前向きになにかを目指すときに使われますが、「志す」という言葉との違いを、いまいち理解しきれていなかった私は、カクメイジに聞いてみました。

「志とは、どういうものを言うんでしょうか？」

「世の中のために自分にはなにができるのか、それを自分へ問いかけみろ。その問いに対する答えが出るか？　それが志だよ」

世の中のため……。教師として、目の前にいる生徒の将来のためと思って指導していましたが、世の中のことまでは考えが及んでいませんでした。カクメイジの言葉は、私にとって、あまりにも大きな問いだったからか、すぐには答えが出ませんでした。

アパートに帰って真っ暗な部屋でひとり、これまでの経験とこれからやっていきたいこと、その両方を自分に問いかけてみました。すると、世の中のためになにができるか、漠然とした答えが見えてきました。

「今後、沖縄の子たちにも手伝ってもらいながらザンジバル野球を支援しよう。沖縄の子たちの視野を世界へ広げながらザンジバル野球が発展する、両者にとって意義のある活動。これが私のやっていきたいこと。それを地道に続けていけば、いつかは、野球を通して、世の中に貢献できる人が育ってくれるだろう」

カクメイジの志である「アフリカ独立革命」のように直接的で規模の大きなものではありませんが、私にとっては、等身大のしっくりくる現実的なものでした。

そして、よく考えてみると、それは、これまでに私がやってきた仕事も、実はそうだったのではないかと思えてきました。

これまで共に学んだ教え子たちが、私との関わりで得たことがあり、それを長い人生のなかで誰かのために役立ててくれていたとしたら、それはもう「世の中のため」と言っていいのではないか、そう思えたのです。ただ、その手段として今後はザンジバルの子たちとの関わりを追加するだけ。

要するに、自分の「志」として自覚するかしないか、それだけの違いなのです。そして不思議なことに、それを自覚すると、これからやっていきたいことが具体的に見えてきました。

「沖縄とザンジバルの野球を通して、この世の中に貢献できる人間を育てる」

これが、アフリカで立てた私の志です。

アウトひとつにみんなで喜ぶ。これぞ全員野球！

大海原で船を漕ぐ、ザンジバル独自のパフォーマンス

第8章 ザンジバル初の野球大会。そして……

最後のチャンス

第3回タンザニア甲子園を終えて帰ってきた選手たちは、昨年同様、来年の大会開催までの時間の長さに、モチベーションが下がっていました。私は、彼らの姿勢に多少のイラつきを覚えながらも、仕方のないことだと感じていました。私が彼らの立場でも、そうなるのかもしれないと思ったからです。しかし、日頃の練習成果を発揮する機会が年に1度しかなくて、選手たちがモチベーションを維持できないということは、ザンジバルに、野球が本当の意味で定着しないことを意味します。

第1回ザンジバル野球大会開会式

年末に差し迫った頃、私は、「練習をもっと実のあるものにしよう」と選手たちに訴え、「今回こそ、ザンジバル野球大会を開催しよう」と提案しました。これは昨年からずっと言ってきたことでしたが、タイミングやチームの状況により、3回ほど途中で断念してきた経緯があります。

しかし、あと3か月で帰国しなければならない私にとっては、いまが大会の実現に向けた最後のチャンス。これがこの島でできる最後の課題です。提案を聞いた選手たちも大会開催に大喜びで賛成してくれました。

急ピッチで準備にとりかかったオスマン先生と私が、まず相談したのはハッサン教育局長。なんだかんだ言っても、彼は活動開始前から協力してくれている強力な支援者であり、良き理解者でもあります。話し合いの結果、両手を挙げて賛成してくれたハッサン教育局長が、テントやマイク、トロフィーなど、大会に必要な道具をすべて用意してくれることになりました。オスマン先生は近隣の学校をオートバイで駆けまわって、各学校の校長に宣伝します。

「ザンジバルではじめてのベースボーリ大会を開催する。生徒たちに、ぜひ見学させてあげてほしい！」

こうして、大会の準備は着々と進みましたが、もっとも大きな課題は出場チームをどうするかでした。

このとき、ザンジバルで活動していたのは4チーム。しかし、野球を始めて日の浅いキドティとランゴーニは、キャッチボールさえもままなりません。いや、そもそもルールもまったく知らない状態。とても試合はできません。

話し合いの結果、クェレクェを分けた2チームによる決勝戦のみを行うことにしました。

そして、「このチャンスを無駄にはしたくない」と、オスマン先生と意見が一致し、もう2チームも、野球の試合を観ることができる貴重な機会として、試合見学ということで大会に参加させることに決定。どうしても、全4チームにとって意義のある大会にしたかったのです。

「トゥコ、パモジャ」

2016年2月25日、ついにこの日を迎えました。第1回ザンジバル野球大会の会場に選ばれたマゲレーザトモンドには、クェレクェ、ユーススターズ、キドティ、ランゴーニの4チームが集いました。

テントには、前日にみんなで大きな紙に書いた、スコアボードや大会のスケジュール表が貼られています。カクメイジからお下がりでもらった網で、バックネットも新しく作り直しました。ラインは、ダルエスサラームで学んだペットボトルを使った手描き方式で、ぜいたくにストーンタウンで買った石灰で引いてあります。くねくね曲がった真っ白のラインが映える赤土のグラウンド。その周りには、近隣の学校の生徒が約200人、嬉しいギャラリーです。

そんな環境のなかで試合をする2チームには、よい手本になってほしかったし、試合をしない2チームにも観戦を楽しんでほしいと思いました。開会式でスピーチを振られた私は、選手たちに3つの要望を伝えました。

「相手チームと審判をリスペクトすること！　攻守交替は全力疾走すること！　そして、野球を楽しむこと！」

試合は、観ていてもおもしろいシーソーゲームになりました。アウトや得点のたびに、選手たちの歓喜の後にはギャラリーの大きな歓声が続きます。

その場の全員が野球を楽しんでいる光景は、私がずっと夢見ていたものでした。結局、試合は8対8で迎えた5回裏、クェレクェが相手のミスに乗じて1点を取り、サヨナラ勝ちで初優勝を決めました。

閉会式では、ハッサン教育局長が大会のために用意してくれたトロフィーが決勝2チームに授与され、名誉会長カクメイジからは、4チームの選手全員に参加賞として日本製の三色ペンが手渡されました。

帰国直前になってしまいましたが、ザンジバルで野球大会が開催できたことはとても感慨深いものがありました。しかし、4チームの選手全員を試合に出場させてあげられなかったことは、私の力不足を痛感しています。

閉会式が終わった後、選手たちとこんな約束をしました。

「俺が帰国しても、できることを共に続けよう。トゥコ、パモジャ」

トゥコ、パモジャというのは、スワヒリ語のなかでも、とくに好きな言葉です。意味は、「私たちは一緒だよ」。

寂しいですが、不良隊員の活動はもう終わり。ようやく大会開催まで漕ぎつけたザンジバル野球、今後も続けてくれることを期待しながら、私はもうすぐザンジバルを去ることになります。

帰国と新たな夢

活動を終えた私は、とうとうザンジバルを去ることになりました。5年前、アフリカの子どもたちと野球がしたいと思い立って青年海外協力隊に応募。語学力不足などの理由による2度の不合格があって、ようやく3年後に野球をまったく知らない島へ派遣された私。

それからの日々がよみがえります。島の子どもたちに野球というスポーツをさせてみたいと考えていたハッサン教育局長（当時はスポーツカウンシル書記長）、それを相談されていたカクメイジとの奇跡的な出会い。

子どもたちに、「これが野球ボールだ」とはじめてボールを見せた日のこと。まだキャッチボールが練習そのもので、ルールを少しだけ覚え始めた彼らを引き連れてダルエスサラームへ行き、初勝利に感動したこと。少し前まで野球の「や」の字も知らなかった選手たちが、後輩たちをコーチする姿に驚いたこと。選手の数が増えて道具が足りなくなったとき、沖縄からたくさんの野球道具が届いたこと。彼らをはじめて本気で叱ったこと。その後で、「明日も一緒に野球してくれないかな」と言ってもらえたこと。そして、ザンジバル初の野球大会を開催できたこと……。

そんな日々を経て、いまでは、ザンジバルに4チーム、約80人の野球選手が誕生するまでになりました。これまでの経緯をひとつずつたどってみると、いつからか、野球はもう彼らのものになったのだと実感することができます。

今後の活動継続と、さらなる発展を期待して、「私の後任でザンジバル入りする新隊員には野球経験者を派遣してほしい」と、JICAタンザニア事務所に強く要望しました。

私は、帰国するとすぐ学校現場へ戻ることになりますが、ザンジバルでは入手できない道具類の支援、精神的サポートなどを中心に、彼らの応援も継続していくことを決意しています。

それは、やり始めた私の責任であり、新たに立てた志でもあります。自分にできることを地道に続けるつもりです。そして、いつか、彼らを沖縄に呼んで本物のスタジアムに立たせてやりたいと思っています。

「ラシッド、ハバリヤッコ？」

「ンズーリ、タクゥ！」

引き上げの日、荷物が多かったので、いまでは「元タクシー運転手」となったラシッドがフェリー乗り場まで送ってくれました。彼は、もうそのときには、大学で認定された単位を生かして、ランゴーニセカンダリースクールで体育教師をしていました。

島の端から端まで往復してもらったり、日本語で名前だけを書いたボードを持たせて、私の代わりに港へお客さんの迎えに行ってもらったり、このラシッドには本当に世話になりました。教師と学生というよりは、本当にラフィキのような関係で、本業の活動や日常生活では、彼と過ごした時間が一番長かったかもしれません。

ついに、この日まで野球に興味を持つことはなかったラシッド。自分の学校の生徒たちが野球をやり始めていることは知っていたようで、最後の最後にこう言いました。

「おれがベースィボーリのコーチをやろうかな」

「まずは、おまえがルールを覚えろよ」

私がそうと返すと、ふたりして大笑いしました。

そして、世界は変わったのか？

ダルエスサラームへ引き上げるフェリーの中、5年前に見た協力隊員募集のポスターにあったキャッチフレーズを思い出しました。

《世界も、自分も、変えるシゴト。》

ザンジバルで野球が始まっても、住民たちの生活は相変わらずでした。私がここへ来た当時と去ろうとするいま、なにひとつ変わった様子はありません。

「なんだ、世界はぜんぜん変わらなかったじゃないか」

でも、たしかに自分は変わったような気がしています。蛇口から水が出たことが一度もない、停電も日常茶飯事の家に住み、文化や価値観がまったく異なる少年少女たちと、聞いたことさえなかった言葉で、一緒に野球をした日々が、私を少しずつ変えてくれました。

思い込むことなく、子どもたちには、まず、「左右どちらが投げやすいか？」と聞くようになった私。ベースを手に持って逃げてはいけないことを、もしかしたら相手は知らないかもしれないと思うようになった私。ないものは下手でも自分たちでつくればよいと知り、本当にどうしようもないときは、素直に人を頼ってよいのだと知りました。

ダイヤモンドの歪んだラインも味があって好きになったし、それまでは当たり前だった「大会会場に行ける」というだけのことに涙した日もありました。

一日をバケツ1杯の水で過ごし、電気が来ない日は夕陽の下で本を読み、陽が沈めば、ろうそくを3本立てた無音の部屋で、明日やりたいことを考えるのを楽しみました。眠くなったら寝て、翌日は早起きすればいいのです。あんなに抵抗していたトイレのことも、ペーパーでこすりつけるより手で洗った方がきれいになったようで気持ちよかったし、みんなと大皿を囲んで素手で食べるビリヤニはとてもおいしかった。


ザンジバルでの日々は、私にたくさんのことを気づかせてくれました。目の前に起きた事実を変えることは誰にもできません。しかし、自分が、どこを、どう見るかによって、直面する現実は大きく変わる。

水だって電気だって、ふつうにあるときは、なくなると困りますが、元々なければ期待しません。偶然あったときに、感謝と幸せを感じることができます。

バッティングだって、数多く打てる環境なら、空振りしたときに落ち込みますが、バットが2本しかなくてみんなで交互に打つしかなかった私たちにとっては、空振りでさえ、貴重な素振りだったのです。


いま思えば、私がキャッチボールのできそうな広場を探して歩きまわっていた頃、ザンジバルの子どもたちが、地面に木の枝を2本突き刺してゴールに見立て、サッカーを楽しんでいる姿をよく見かけました。

「なにもなければ、工夫して楽しめばいい」

彼らはそれを知っていたのです。野球の道具すら十分でない環境でも、彼らは、ベースを手作りし、必要なモノをつくって野球を楽しみ、自分たちの力でその一歩を踏み出したのです。「努力」よりは、「夢中」の方が近かった気もします。

彼らは私に、「幸も不幸もすべて自分次第」なのだと教えてくれました。野球を教えに行った私のほうが、彼らに人生を教えてもらっていたのです。

アフリカでの日々。日本では当たり前だったことが、当たり前ではありませんでした。非常識が常識でした。しかし、自分が見方を少し変えるだけで、日本での生活とはまったく違う暮らしのなかに、本当に多くのありがたみや小さな幸せをたくさん感じることができました。

派遣前、あんなにも感情の整理に苦労した2度目の不合格にさえも、いまは心から感謝している自分がいます。なぜだと思いますか？

あのときにもし、合格してしまっていたら、私の派遣先はザンジバルではなく、別の国になっていたからです。

ザンジバル球児たちに出会う前と、出会った後では、私の「考え方」や「現実を見る目」、そして、「生き方」は大きく変わりました。

私の活動によって、世界を変えることは、ほんの少しもできませんでした。しかし、自分が変わることによって、世界が大きく変わって見えるようになったのです。あの日見たポスターの意味が、やっとわかった気がしました。

あとがきに代えて
——夢を実現させたパイオニアたち

2021年9月、私はカクメイジに1通のメールを送りました。

「いつか彼らを、沖縄の本物の野球場に立たせてやりたい」

しかし、アフリカから野球チームを来日させるなんて、夢のまた夢です。いつものようにカクメイジに相談してみたものの、まさか本当に実現するとも思えず、「いつの日か1人でも、2人でも」と考え続けていました。ところが数か月後、カクメイジからこんな連絡が……。

「代表チーム13人で日本へ行けることになった。上原君の夢が叶《かな》うぞ！」

それを聞いた瞬間、私はジーンと目頭が熱くなりました。

「またあいつらと会える。本物の野球場で一緒にプレーできるんだ！」

そして2022年10月、ついにザンジバル野球連盟が主催する野球&文化国際交流事業が実現しました。カクメイジを総帥として、いまやコーチになったカリムの率いるザンジバル代表チーム13人が日本へ降り立ったのです。


この事業は、まず、2020東京オリンピックでタンザニア連合共和国のホストタウンだった山形県長井市から始まりました。野球をはじめ、小中学校への学校訪問や地元の皆さんとの交流など、市をあげて歓迎してくださったそうです。

11月2日、待ちに待った沖縄入りの日。ひげをたくわえ、立派な青年になった彼らが那覇空港の到着ロビーから出てきました。実に7年ぶりの再会です。みんな見た目が変わったのも無理はありません。私は、このときの嬉しさを表現できる言葉を持ち合わせていません。とにかく、この奇跡的な再会を喜び、一人ひとりと抱き合い、あいさつを交わしているあいだ、涙をおさえることができませんでした。

16日までの2週間、13人の選手たちは私の実家に寝泊まりし、思い出話に花を咲かせながら彼らとの共同生活がスタートしました。そして11月5日、6日、13日。県立普天間高校野球部マネージャーがこの日のために練習してくれた、スワヒリ語のアナウンスが心地よく響く本物の野球場で、沖縄県高校生選抜チームとの国際交流試合が実現したのです。

両国の実力差はやはり大きく、大敗。そして、4連敗を喫しました。しかし、前を向いて大きな一歩を踏み出したその姿勢は、8年前にはじめての試合相手を求めて海を渡ったあの日のままでした。帰国後、この貴重な経験を活かして、ザンジバル野球のさらなる発展のために尽力してくれるものと確信しています。

本事業は野球だけでなく、合同授業や異文化交流会をとおして双方が深く理解し合うことを目的としました。体育や書道体験などで実際に交流した高校生は約800人になりましたが、とくに、普天間高校野球部と沖縄選抜チームの皆さんは、合同練習や3日間にわたる交流試合で互いに理解を深め、国境を越えた熱い友情を育んでくれたと思います。交流した選手たちの感想には、「十分とはいえない環境と楽観的に向き合い、野球を楽しむザンジバル選手の姿勢から多くの学びがあった」という表現が多数ありました。それらに触れたとき、私がアフリカで志として立てた、「沖縄とザンジバルの野球を通して、この世の中に貢献できる人間を育てる」を微力ながらひとつ実践できたのでは、と実感することができました。

この遠征が実現した陰には、日本では想像もできないような困難が多くありました。パスポートを取得するために生まれてはじめて出生届を手続きした選手がいたり、世界的なコロナ禍のなか、情報や感染対策が不十分なザンジバルで、日本の渡航基準に合わせた回数のワクチン接種が必要だったりしました。そのようななかで、私とザンジバル球児たちの夢実現に向けて奔走してくださったカクメイジに心から感謝しています。

私が日本に帰国したあとの後日談があります。私の次にコーチしてくれた島田彰彦《しまだあきひこ》さんの元で、ザンジバル初の女子ソフトボールチームが誕生し、2021年にはタンザニアソフトボール大会で初優勝したのです。その後、女子ソフトボールタンザニア代表は、2023年6月に群馬県高崎市で開催された、ウツギカップこと国際女子ソフトボール大会に初参加。嬉しいことに、ザンジバルからは6名の選手が代表入りしました。残念ながら試合は全敗だったようですが、彼女たちもまた、大きな一歩を踏み出したのです。

＊＊＊

ザンジバルの選手たちは、自分を取り巻く世界を楽観的にとらえ、与えられた環境のなかで精いっぱいのことを続ける、そんな「生き方」を見せてくれました。

発展途上国だからとか、野球後進国だからとか、そう言ってしまえば、すべてを環境のせいにできてしまうような多くの問題を乗り越え、ザンジバル野球の礎を築いた彼らの姿勢から、私は「世界を変える方法」を学んだのです。

この本を読み終えたとき、あなたが、自分の見ている世界を少しでも前向きにとらえ、「自分にもできることがあるかもしれない」と思ってくれたとしたら、著者としてこれ以上の幸せはありません。

アフリカのことわざであるとされるものに、こんなものがあります。

「早く行きたければひとりで行け、遠くへ行きたければみんなで行け」

2016年に協力隊としての活動を終え帰国した私は、ひとりで「ザンジバル野球を支援する会」を名乗り、主に道具類や精神面の支援を続けていますが、私ひとりではできない大きな作業も数多くあります。

そんなときは、言葉のとおり、勤務校の野球部員や協力企業の皆さんを中心に、たくさんのご協力をいただいて実行できています。

この活動を通して、沖縄の子がひとりでも多く世界に目を向け、広い視野で自分の生き方について考えるきっかけにしてくれたとしたら望外の喜びです。今後も、志を持って等身大の自分にできることを続けます。

＊＊＊

皆さまに心より感謝申し上げます。

最後までお読みくださった皆さま。ザンジバル野球を物心両面でご支援くださった、沖縄県高等学校野球連盟の皆さま、加盟校の皆さま。沖縄県の皆さま。普天間高校の皆さま。石垣島の皆さま。八重山商工高校の皆さま。松田光広さん、小川久範さん、小山克仁さん、座間邦夫さん、山形県長井市の皆さま。ご協力くださったすべての企業の皆さま。

本書の執筆時にご協力くださった作家の西沢泰生さん。編集を重ね、よりよい出版を実現してくださったかもがわ出版の天野みかさん。彼らのことを活動初期から伝え続けてくださる「おきなわ野球大好き」の當山雅道さん。

そして誰より、私の活動を一番近くで支えてくれる妻・千香子、紘、結乃介。私を応援し続けてくれる父・茂と母・久美江。現地で彼らに寄り添い、全面的なサポートを続けてくださる島岡強名誉会長（カクメイジ）と由美子さんに、心の底から感謝を伝えます。

2023年8月

上原　拓

ザンジバル代表チーム×オール長井ベースボールスポーツ少年団（山形県）

ザンジバル代表チーム×沖縄県高校生選抜チーム

ウツギカップに初参加した女子ソフトボールタンザニア代表チーム

著者略歴
上原 拓（うえはら たく）
1983年生まれ、日本体育大学出身。沖縄県高等学校野球連盟理事。2014年、JICA青年海外協力隊員としてザンジバル国立大学へ赴任。仕事の傍ら、野球の普及に取り組む。2016年に帰国後は、地元沖縄で高校野球を指導しながら、「ザンジバル野球を支援する会」を立ち上げ、活動を続けている。

《参考文献》
『アフリカから、あなたに伝えたいこと――革命児と共に生きる』（かもがわ出版）
『新版　我が志アフリカにあり』『続　我が志アフリカにあり』（バラカ）

《写真提供》
p33, p176（下）, p195（上）… 島岡由美子
p84, p153, p176（上）……….清水聖希
p99…………………上原千香子
p100, p130, p131 … 角田聡子
p195（中）…………新井秀幸
p195（下）…………松田光広
上記以外……………上原 拓

地図作成：川口圭希
装幀：土屋みづほ

ザンジバル球児に学ぶ世界を変える方法
――いくぞ！　タンザニア甲子園

2023年10月1日　初版第1刷発行

著　者　上原 拓

発行者　竹村正治
発行所　株式会社 かもがわ出版
〒602-8119　京都市上京区堀川通出水西入
TEL 075-432-2868　FAX 075-432-2869
振替　01010-5-12436
http://www.kamogawa.co.jp
印刷所　シナノ書籍印刷株式会社

ISBN978-4-7803-1293-5　C0095　Printed in Japan